현직 교사가 알려주는
슬기로운 공교육 생활

KB189942

이 소중한 책을

특별히 _____님께

드립니다.

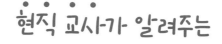

현직 교사가 알려주는

슬기로운
공교육 생활

교사 김병화 지음

나침반

"믿음의 자녀로 키우려는 크리스천 학부모들에게 공교육을 제대로 활용하는 방법들을 제시합니다"

자녀를 세상 속에서 믿음의 자녀로 키우는 일은 모든 부모들에게 커다란 숙제인 것 같습니다. 저도 제 딸이 제 인생 속으로 들어온 날부터, 자녀를 믿음의 자녀로 키워야겠다는 사명감을 가지고 기도하기 시작했습니다. 그리고 자녀 교육서라면 크리스천 작가이든 아니든 닥치는 대로 읽기 시작했습니다. 마침 제 직업이 공교육 초등 교사였기에, 우리나라 교육이 제 딸과 다음 세대가 받아도 되는 건전하고 안전한 교육을 하고 있는지 두 눈을 부릅뜨고 지켜보았습니다.

오늘날 대한민국은 자타공인 교육 선진국으로서 전 세계가 인정해 주는 공교육 시스템을 가지고 있습니다. 그것은 전 세계 81개국이 참가한 2022년 국제 학업성취도 평가(PISA)의 결과만 봐도 알 수 있습니다. 우리나라 학생들은 해당 시험에서 수학 3~7위, 읽기 2~12위, 과학 2~9위로 높은 순위를 기록하며 뛰어난 학습 능력을 보여주었습니다. 이와 더불어 수능 1~2등급을 얻어야만 입학할 수 있는 교대와 사범대, 그리고 3차에 걸친 임용고사를 통과해야 하는 수준 높은 교사 양성 시스템, 국가 세금의 약 20%를 교육에만 쓰기 위해 따로 떼어 놓는 나라,

4차 산업혁명 시대를 대비해 앞서가는 디지털·AI 교육을 시행하고, 학생이 자신의 진로에 맞게 과목을 선택할 수 있는 고교학점제(2025년부터 부분 시행)까지 한국의 공교육은 전 세계가 부러워할 정도로 그 수준이 매우 높습니다.

하지만, 크리스천들에게 공교육은 때론 하나님의 자녀로서의 정체성에 도전이 되기도 합니다. 또한, 우리나라 근대 사회에 획기적인 변화와 발전을 가져다준 기독교의 역사가 교실 속에서 무참히 무시당하기도 합니다. 이러한 반성경적 세상 풍조 속에서 공교육에 다니는 우리의 자녀들을 믿음의 자녀로 키워내기 위해선, 부모로서 10년 전, 20년 전보다 더욱 분별력을 가지고 깨어 있어야 하는 세상이 되었습니다.

저는 이 책에서 학부모들에게 크리스천 교사와 학부모의 관점으로 현재 공교육을 진단해 드리고자 합니다. 과연 공교육을 어디까지 믿고 우리 아이를 맡길 수 있는 것인지 공교육에 자녀를 보내고 있는 같은 학부모로서 확실하게 알려드리고자 합니다. 동시에, 학교 교육과정에서부터 자녀들의 시험, 학부모 상담, 자녀의 친구 관계 등 이 책을 읽는 분들의 가정에서 슬기로운 학교생활을 하기 위한 여러 가지 "꿀팁"들을 전해드립니다. 더불어, 자녀들을 실력과 인성, 영성을 갖춘 사람으로 키우기 위한 다양한 가정 교육 방법들도 알려드립니다.

이 책의 1장에서는 공교육을 향해 의심의 눈초리를 가진 학부모들에게 어떻게 공교육을 받으면서도 성경적인 교육을 놓치지 않을 수 있을지 성경의 사례를 가지고 필자의 의견을 나눕니다. 또한, 우리가 놓치고 있었던 공교육의 순기능은 과연 무엇인지 알아보는 내용이 담겼습니다.

2장에서는 본격적으로 공교육을 제대로 활용하기 위한 정보와 지혜들을 담았습니다. 학교 교육과정에서부터 자녀들의 시험, 학부모 상담, 자녀의 친구들과의 관계 등 자녀와 학부모 모두 즐겁고 지혜로운 학교생활을 할 수 있도록 학교생활의 여러 꿀팁들을 전해드립니다. 동시에, 초등학교 저학년 자녀를 두신 학부모들을 위해 가장 가르치기 어려운 수학 과목을 가정에서 어떻게 가르치면 좋을지 학습에 관련된 다양한 지도 방법도 소개해 드립니다.

마지막 3장에서는 가정 교육과 관련된 내용을 나눕니다. 학교 교육은 결국 가정 교육이 선행되어야 하고, 가정과 학교, 교회 교육이 함께 어우러질 때 진정한 자녀의 신앙 교육이 이루어질 수 있습니다. 그래서 3장에서는 공교육에서는 할 수 없는 자녀의 신앙 교육을 가정 안에서 어떻게 해 나갈지, 필자의 경험과 다양한 노하우들을 공유합니다. 자녀들을 영성뿐만 아니라 실력과 인성을 갖춘 자녀로 키우기 위한 지혜들을 성경적이고 교육학적인 관점을 가지고 전달해 드립니다.

저는 이 책을 통해 독자들이 공교육의 겉과 속을 보다 명확히 깨닫고, 많은 유익과 순기능을 가지고 있는 공교육을 제대로 활용하는 방법들을 배우게 되시길 기도합니다. 자녀를 세상 속에서 빛을 발하는 믿음의 자녀로 키우고자 하는 크리스천 학부모들에게 이 책은, 세상 속에서도 뱀같이 지혜롭고 비둘기같이 순결한 하나님의 자녀로 자녀들을 키워낼 다양한 전략들과 통찰을 얻게 할 것입니다. 우리 자녀들의 영혼을 노략질하려는 원수들의 여러 속임수를 간파하고, 올바른 가치관과 필요한 교육적 지식을 갖추도록 학부모들을 무장시켜 줄 것입니다. 더 나아가, 여러분들을 우리나라 교육계 안에 하나님 나라가 임하도록 기도하는 중보자들로 일어서게 할 것입니다. 그렇게 이 책이 쓰임 받기를 기도합니다.

   끝으로, 이 책이 나오기까지 수고해 주신 나침반 출판사 관계자분들과 이 책을 쓰도록 용기를 북돋아 주신 존경하는 목회자인 장모님과 장인어른, 응원과 기도를 아끼지 않아 주신 부모님, 이 책을 추천해 주신 박호종 담임목사님과 추천사를 적어주신 귀한 믿음의 선배들과 친구들, 이 책이 나오기까지 모든 시간을 함께해 준 내 영혼의 단짝인 사랑하는 아내와 귀한 딸 소리에게 특별한 감사의 메시지를 전합니다.

- 저자 김병화

추천사

저는 필자가 뉴욕에서 유학을 하면서 다음 세대 교육을 위해 고민했던 고뇌를 압니다. 세속주의 가치의 근원이 되는 뉴욕 땅에서 밀려오는 세속의 물결, 비기독교적이기보다 반기독교적인 세속주의적 가치의 주입 속에서 현직 크리스천 교사로서 학부모로서, 교회 학교 교사로서 과연 어떻게 다음 세대를 교육할 것인가를 고민했던 저자의 고뇌 말입니다.

이 책은 그런 저자의 신앙 안에서 자녀를 바르게 키우고, 공교육 안에서 주님을 경외함으로 처신하며 승리하는 법에 대한 방안을 잘 표현한 책입니다. 그래서 많은 부모들과 주일 학교 교사들, 다음 세대를 위해 고민하는 분들에게 이 책을 읽어보시기를 적극 추천합니다.

　　　　　　　　　　　　　　　　　　　　　 — 박호종 (판교 더크로스처치 담임 목사/『기도의 집을 세우라』의 저자)

"어떤 책은 맛보고, 어떤 책은 소화하고, 소수의 어떤 책은 잘 씹어서 소화해야 한다"라고 말한 베이컨(Francis Bacon)의 말처럼, 현직 교사 김병화 선생님이 쓴 이 책은, 천천히 잘 씹어서 소화할 만한 좋은 책입니다.

성경적 가치를 자녀에게 가르치고 하나님의 성품을 닮기를 갈망하는 이 땅의 모든 초등학교 학부모님들에게 꼭 필요하고 적절한 맞춤 책입니다.

이 땅의 공교육에 부정과 의심의 시선을 거둘 수 없던 부모님들께 공교육도 희망을 가질만하다는 믿음을 품게 하고, 어떻게 우리 자녀를 학교에 믿고 맡길 것인가, 부모인 우리가 어떻게 양육할 것인가에 답을 준 친절한 가이드북입니다.

교육 현장의 고민을 새벽마다 기도로 풀어낸 그 간절함을 저는 압니다. 그 기도가 마침내 주님의 은혜로 선한 열매가 되었습니다.

주님의 은혜입니다.

　　　　　　　　　　　　　　　　　　　　　　　 — 김영순 (대전 오병이어교회 담임목사)

자녀 교육에 대한 한국 부모들의 열심은 특별합니다. 하지만 교육은 열심만으로 가능하지 않지요. 이 책은 열심과 관심은 많지만, 자녀를 어떻게 키워야 할지 여전히 고민하고 있는 부모에게 친절한 안내서입니다. 저자는 기독교 대안학교와 공립학교에서의 풍부한 경험을 바탕으로 이 책을 썼습니다. 그래서 그의 조언은 구체적이고 실질적입니다. 가정과 교회와 학교라고 하는 교육의 세 가지 현장이 어떻게 조화를 이룰 수 있는지 궁금한 분들에게 이 책의 일독을 권합니다.

— 류인현 (뉴욕 뉴프론티어교회 담임목사/「춤추는 고래는 행복하다」의 저자)

김병화 선생님은 제가 교장으로 근무하던 안양 관악초등학교에서 그리스도의 사랑으로 열과 성을 다해 학생들을 지도한 신실한 교사입니다. 험한 이 세상 속에서 사랑스러운 우리 자녀들을 빛을 발하는 믿음의 자녀로 키우고자 하는 크리스천 학부모들은 이 책을 통해 뱀같이 지혜롭고 비둘기같이 순결한 하나님의 자녀들을 키워낼 다양한 전략과 통찰을 얻을 수 있을 것입니다.

우리의 미래를 책임지는 어린 자녀들이 공교육에서 올바른 가치관과 필요한 교육적 지식을 배우고 익혀 하나님께서 기뻐하시는 믿음의 다음 세대가 되길 기도드립니다.

— 이재영 (과천교회(통합) 시무장로/ 한국교육정책연구소 이사장)

"공교육에 더 이상 기대할 것이 남아 있는가?"라는 질문에 명확한 답을 내리기는 쉽지 않습니다. 그렇다면 자녀를 둔 부모로서, 우리가 할 수 있는 일은 무엇일까요?

이 책의 저자 김병화 선생님은 공교육 교사, 대안학교 책임자, 미국 교육학 석사, 그리고 한국과 미국, 영국의 공립학교 학부모 등 다양한 교육 환경을 직접 경험하며, 그동안 품어온 깊은 고민을 바탕으로 이 중요한 질문에 대한 명쾌한 해답을 제시합니다.

자녀 교육에 대한 새로운 통찰과 길잡이를 찾고자 하는 모든 분께 이 책을 진심으로 추천합니다.

— 배일욱 (초등학교 교사)

김병화 선생님과 같은 교회에서 오랜 시간 동역자로 함께하며 그의 성실함과 헌신을 지켜본 저로서는, 공교육의 현장에서 믿음과 교육적 통찰을 전하는 이 책이 공교육을 고민하는 학부모와 크리스천 공교육 교사들에게 큰 감동과 지혜를 줄 것이라 확신합니다.

이 귀한 책의 출간을 축하드리며, 김병화 선생님이 계신 학교와 그를 만나는 모든 이들에게 하나님의 크신 은혜와 축복이 함께 하기를 기도합니다.

— 이연 (초등학교 교사)

이 책은 공교육이라는 중요한 교육의 장 속에서, 하나님의 가르침을 아이들에게 어떻게 실천할 수 있을지에 대한 깊은 통찰을 제공합니다. 저자는 공교육이 단순히 지식 전달의 장소가 아니라, 성경적 가치와 도덕적 기준을 심어주는 귀한 역할을 할 수 있음을 강조하며, 교육적 사명의 중요성을 일깨워 줍니다.

또한, 가정에서 자녀들이 믿음 안에서 올바르게 성장할 수 있도록 돕는 환경을 어떻게 조성할 수 있을지에 대한 실용적이고도 깊이 있는 지침을 제시합니다.

이 책을 통해 부모님과 교육자들은 자녀 교육에 대한 새로운 비전을 얻고, 공교육 속에서 하나님의 뜻을 실현하며 이 땅에서 빛과 소금의 역할을 감당할 방법을 고민하고 기도하는 시간을 가질 수 있을 것입니다.

이 책을 통해 얻은 배움과 실천을 바탕으로, 이 세대를 살아가는 자녀들이 다니엘과 같은 분별력과 살아있는 믿음을 가진 크리스천으로 성장하기를 간절히 바랍니다.

― 차지혜 (조지워싱턴대학교 국제교육학 교수)

저자는 크리스천이면서 공교육의 현장에서 겪은 경험을 토대로 정확하게 공교육의 현주소를 부모들에게 알려주며, 이 시대의 변화에 발맞춰 변화되고 있는 공교육 환경에서 성경적인 관점을 놓치지 않도록 도전해 주고 있습니다. 언젠가는 믿음의 자녀들이 성장해 세상 가치관과 씨름하며 살아가야 하므로 세상에서 부딪히며 단단해지고 진리와 비진리를 구분할 수 있는 분별력 있는 아이들로 키워야 한다고 생각합니다.

그런 의미에서 이 책은 부모들이 학교에서 이뤄지는 공교육을 정확히 바로 알고 이를 슬기롭게 잘 활용할 수 있도록 도움을 주고 있습니다. 또한, 가정에서는 부모로서 하나님께 부여받은 사명을 놓치지 않고 지혜롭게 자녀 양육을 실천해 나갈 수 있도록 실제적인 가이드를 주고 있습니다.

이 책은 아이들을 공교육에 맡기고 걱정하는 부모들에게 큰 도움이 될 것입니다.

― 정수연 (전도사/ 맨해튼 New Frontier Church 유년 & 초등부 담당)

저는 다민족·다문화 사회로 대표되는 뉴욕에서 7년간 두 자녀를 키우며 뉴욕의 공교육을 받게 했습니다. 그 치열한 경쟁 속에서 자녀를 양육하며 자녀의 신앙 성장을 지켜보았습니다.

그런 저에게 이 책은 그동안 부모로서 매번 가졌던 힘든 고민들에 대한 공감과 답변을 해주었고, 어떻게 하면 자녀를 신앙인으로서 건전하고 균형 있는 생각을 할 수 있는 자녀로 키울 수 있을지 중요한 방향 제시를 해주는 책이 되었습니다.

더불어, 한국 사회에서는 생소하지만 "하브루타"와 같은 세계적으로 검증된 교육 방법들을 저자의 직·간접적인 경험들을 통해 제시하며, 자녀 교육을 위한 다양한 전략과 아이디어들을 효과적으로 잘 정리하였습니다.

이 책은 넘치는 정보와 혼란 속에 살고 있는 지금 우리 아이들이 신앙인으로 효과적인 사고력(Highly Effective Thinkers)을 키우기 위한 매뉴얼과 같은 책입니다. 이 책은 신앙 안에서 자녀를 건강한 리더로 양육하고 싶은 부모님들께 아주 중요한 책이 될 것입니다.

— 강영준 (NDNGroup/ CryptoClinic.org 대표/ 두 자녀의 아빠)

이 책 제목의 '슬기로운'이라는 단어는 현실에서 직면한 상황을 잘 판단하고 침착하게 문제를 해결할 수 있는 능력을 갖춘 사람이나 행위를 표현합니다.

25년 넘게 영국에서 한인 유학생들을 중심으로 목회해 온 저는, 많은 유학생을 만나고 지켜보면서 공교육 현장에 잘 적응하지 못하고 이를 회피하기 위해 유학을 선택한 학생은 유학 생활에서도 적응하지 못하는 경우가 많음을 발견했습니다.

우리 자녀들이 직면한 공교육 상황이 다니엘의 때보다 어려운 환경일까요?

우리 자녀들이 대한민국 공교육의 좋은 장점들을 잘 활용하고, 공교육을 통해 성장하고 성숙함으로써 다니엘을 능가하여 자신과 세상을 유익하게 만드는 승리자들이 되기를 기원합니다.

그런 의미에서, 저자가 공교육의 현장에서 많은 학생을 가르치며 직접 경험한 다양한 사례들을 바탕으로 쓴 이 책이 '슬기로운' 학생과 학부모가 될 수 있도록 좋은 길잡이가 될 것이라 확신하며 추천합니다.

— 송우석 (목사 Ph.D./ 영국 브라이튼 한인교회 담임목사/ JDM & GMS 영국 선교사/ 남수단 벧엘신학교 학장)

대한민국에 사는 크리스천 부모라면 무너져가는 공교육의 현실 앞에 우리 자녀들을 어떻게 바르게 교육하고 양육할 것인가에 대해 많은 고민을 하고 계실 것입니다.

탄자니아에서 온라인 국제학교를 운영하며 어떻게 아이들을 바른 교육과 인성, 믿음으로 양육해야 할지 고민하는 저 또한 같은 고민을 갖고 있습니다.

그런 와중에 김병화 선생님이 쓰신 이 책은, 현직 크리스천 교사의 눈으로 공교육의 겉과 속을 정확히 이해하고, 공교육의 순기능을 제대로 활용하여 우리 아이들을 세상에 빛을 발하는 믿음의 자녀로 키울 지혜를 전해주고 있습니다. 뱀같이 지혜롭고 비둘기처럼 순결한 믿음으로, 어둠의 세상을 이기는 믿음의 자녀로 자녀를 양육하길 원하며 기도하고 계신 크리스천 학부모님이시라면, 이 책을 일독해 보시길 적극 추천해 드립니다.

— 이기범 (선교사/ 탄자니아 창구와헤라 담임목사/ 온라인 국제학교 설립자/ 기독교 대한 하나님의 성회(여의도총회) 파송 선교사)

이 책은 현직 초등 선생님의 담담한 가이드가 정말 믿음직하게 전개되고 있는 책입니다. 또한 일상에 착착 감기게 밀착된 이야기로 점철되어 있는 데다 친절하기도 합니다. 저자의 이야기대로 이 책은 공교육이 오염되었으니 도망가자고 하는 이야기가 아닙니다. 특히 기독인 교사로서 학교 현장에서 부딪치는 어려움을 가감 없이 풀어가며 학부모에게, 또 같은 고민을 하는 교사들에게 공교육 속 반성경적인 내용으로 인한 곤란함을 어떻게 돌파해 나갈지에 대한 지혜도 보여줍니다.

이 책은 무엇보다 공교육에 대한 정보가 곁들여져 있다는 점에서 지금까지 누구도 해주지 않은 이야기를 들려주고 있다고 생각됩니다. 예를 들어, 평가를 대비하려면 학부모는 이런 점을 기억하라, 교육과정은 이런 것이고 초등학교의 학교생활을 잘하려면 이런 것에 유의하라 등. 아주 구체적이면서 사례로 든 내용이 일상과 유리되지 않은 밀착형이라 더욱 가독성을 높이고 있습니다. 교사를 대상으로도 현장 경험을 녹아낸 선배 교사로서의 충고가 잘 보태져 있습니다.

특히 학생의 교육을 위해, 학생을 가장 잘 알고 있는 교사와 학부모가 서로 힘을 합해 올바르게 학생을 키워내기 위한 지침을, 학교생활 편과 가정생활 편을 나누어 살펴본 것은 내용을 효과적으로 접근하게 하는 의미가 있다고 생각됩니다. 기독인으로서의 교사, 교사이면서 학부모 혹은 학부모이면서 교사인 우리가 누구나 한 번쯤 겪어보았을 모순된 상황, 곤란한 처지에 대한 지혜롭고 슬기로운 안내자가 되어주는 『현직 교사가 알려주는 슬기로운 공교육 생활』을 가깝게 두고 읽어보기를 권하고 싶습니다. — 조윤희 (대한민국교원조합 상임위원장/ 35년 차 고교 교사/ 『경쟁 없는 교실엔 경쟁력이 없다』의 저자)

차례

1장 공교육 진단, 이대로 괜찮을까?

2장 슬기로운 공교육 생활 〈학교생활 편〉

3장 슬기로운 공교육 생활 〈가정생활 편〉

공교육 진단,
이대로 괜찮을까?

1
공립학교를 떠나는 학부모들

충격받은 학부모와 담임교사

최근 신학기의 설렘은 서서히 잦아들고, 아이들도 어느새 새로운 학급 생활에 적응하여 평화로운 나날을 보내고 있었던 5월. 동 학년 옆반 젊은 선생님이 급하게 날 찾아왔다.

"부장님(당시 나는 5학년 부장 교사였다),

저희 반 김수하(가명, 5학년 남)가 글쎄 학교를 그만둔대요!"

나는 학급에서 무슨 일이 일어난 줄 알고 걱정이 되어 물었다.

『아니 왜 갑자기? 반 아이들끼리 싸우기라도 한 거야?』

"그건 아닌데요, 갑자기 대안학교를 알아보고 계신다나?

그것도 기독교 대안학교요."

『기독교 대안학교?

수하가 학교 적응에 어려움이라도 있었든 건가?』

"그건 아니고요. 수하는 학급에서 굉장히 잘 지내고 있었는데 지난번에 제가 실과시간에 한 성교육 있잖아요. 그걸 듣고서 얘가 적지 않은 충격을 받았나 봐요. 그날 집에 가서 엄마한테 학교에서 성교육 받은 얘기를 했다는데…. 그때 수하 어머니께서 놀라셔서 전화하셨었거든요."

나도 조금 당황해서, 그 선생님이 했던 성교육에 대해서 좀 더 구체적으로 물어보았다.

『아니, 성교육 때 무슨 자료를 썼길래 그랬던 거야?』

"다른 데서 가져온 자료는 아니고 교과서하고 00교육 사이트에 선생님들한테 제공하는 성교육 자료 있잖아요. 특별히 야한 장면이나 문제 소지가 있을 것 같은 건 다 뺐는데요. 남자 여자의 신체 구조를 설명해야 했기에 삽화 형식으로 된 남녀 맨몸 신체 사진이 있었어요. 그건 그냥 신체 변화에 대해서 설명은 해야하고 00교육에서 제공하던 자료라 괜찮은 건 줄 알고 썼는데…. 아마도 수하는 이러한 성교육이란 걸 학교에서 처음 들어서 더 놀랐던 것 같아요."

그 선생님은 실과 교육과정 "1단원 나의 성장"이라는 단원의 내용대로, 자신은 정말 기본적인 성교육 내용만 학생들에게 가르쳤다는 것을 재차 강조했다. 그리고 다른 학생들은 아무 문제가 없었는데 도대체 잘 지내고 있었던 수하에게는 어떤 내용이 문제가 됐는지 아리송한 얼굴로 몇 분 동안이나 지난 성교육 수업을 곰곰이 되뇌었다. 그리고 혹시나 수하에게 부적절한 말을 한 적은 없었는지 그동안 수하에게 생활지도했던 시간을 되돌아보았다.

공교육을 불신하는 크리스천 학부모들

도대체 수하 어머님께서는 어떤 성교육 내용을 문제로 여기신 걸까? 수하네 반 선생님이 아이들에게 가르쳐서는 안 되는 내용을 가르치는 무책임한 선생님이란 생각이 들어서 그러셨을까? 아니면 수하 담임 선생님이 기독교인이 아니어서 반성경적인 내용을 가르쳤을까 봐 그러셨을까? 아니면 코로나19로 인해 그동안 받아본 적이 없었던 성교육이란 것을 학교에서 처음 받아본 5학년 남학생과 그 어머님께서 괜한 과민 반응을 보이신 걸까? 원인은 수하 반 선생님이 수하 어머님과 전화 통화를 한 며칠 뒤, 직접 대면 상담을 실시하고 나서야 밝혀졌다.

"수하는 앞으로 기독교 가치에 기반한 교육을 하는 기독교 대안학교에 다닐 겁니다. 지난번에 선생님께서 하신 성교육은 비록 문제가 없었지만, 저는 학교에서 실시하는 이런 기본적인 성교육들을 영 믿을 수가 없습니다. 요즘엔 학교에서 동성애를 해도 괜찮다는 식으로 가르친다거나, 젠더이데올로기를 가르치는 곳도 있다고 들었어요. 저는 수하가 학교에서 그러한 것들을 배우는 것을 원치 않습니다!"

상담을 실시해 보니 수하가 학교를 그만두게 된 결정적인 원인은 수하 부모님의 공립학교 교육과정에 대한 "걱정과 불신"에 있었다. 수하 선생님이 나쁘거나 무책임해서가 아니었고, 해당 성교육 자료가 부적합했기 때문도 아니었다.(해당 성교육 자료는 기독교인인 내가 봐도 우리 딸에게도 가르쳐 줄 수도 있는 괜찮은 내용이었다)

수하 어머님은 독실한 기독교인이셨기에 위와 같은 수하 어머님의 염려 섞인 말은 같은 기독교인인 내가 들었을 땐 충분히 이해되는 말씀이셨다. 최근 공립학교에서 동성애와 젠더이데올로기는 매우 핫한 이슈였기 때문이었다. 그런데 다시 한번 생각해 볼 것이 있다.

수하를 가르치고 있었던 수하 반 선생님이 수하에게 동성애와 젠더이데올로기를 가르쳤던가? No! 교과서에 나온 내용을 토대로 사춘기가 왔을 때 남녀의 신체 변화에 대해 초등학생에게 적합하게 상식선에서 가르쳤을 뿐이었다. 그럼에도 불구하고 수하 어머님으로부터 위와 같은 걱정스러운 말을 들었을 때, 비기독교인인 수하 담임 선생님은 내게 상담 후기를 나누며 이런 얘기를 했다.

"제가 가르치지도 않았고 앞으로 가르치지도 않을 동성애와 관련된 내용이 걱정되어 아이가 잘 다니던 학교를 그만두게 한다니…. 저는 잘 이해가 가질 않네요."

무엇이 문제일까?

나는 공립학교를 그만두고 기독대안학교를 다니겠다는 수하 어머님의 결정을 존중하고 축복한다. 수하를 향한 또 다른 하나님의 계획이 있을 것이라 믿기 때문이다. 그러나, 수하 어머님이 하셨던 공교육에 대한 '걱정과 불신'에는 동의하지 않는다. 수하 어머님이 걱정했듯이 학교 교육과정 전체가 동성애로 점철되어 있고 하나님을 대적하고 있지는 않기 때문이다.

공립학교 교과서에 나오는 내용 중에는 분명히 하나님 나라의 가치가 아닌 것들이 담겨 있기도 하다. 사회나 과학 시간에 나오는 진화론적인 내용들과 윤리 교과서에 예수님은 하나님의 아들이 아닌 4대 성인으로 설명되는 것이 그 대표적인 내용들이다. 그리고 최근에는 교육계 안팎으로 성 혁명적인 내용과 젠더이데올로기를 담은 내용을 공립학교 교육과정에 담으려는 시도들이 있었던 것들도 사실이다. 이에 대해 우리 크리스천들은 다음 세대를 가르치고 있는 공교육에 그러한 죄악된 내용들이 들어오지 못하도록 막아서며, 기도와 실천적 행동들을 동시에 취하여야 할 것이다. 하지만, 그런 내용들은 전체 교육과정에 비하면 아주 일부분일 뿐이며 가르치는 수업 시수도 매우 적다! 걱정하며 학교를 그만둘 정도는 결코 아니라는 말이다.

"그래도 어찌 됐든 그러한 내용들이 가르쳐지고 있는 것은 맞지 않나요?"

맞다. 부정할 수 없는 사실이다. 하지만, 염려가 지나치게 부풀려진 부분도 있고 주류적인 내용이 아니므로 강조되지 않는 내용도 있다. 그래서 그런 내용들이 우리 아이에게 가르쳐질까 봐 두려워 공립학교를 그만두는 것은 마치 구더기가 무서워 장을 못 담그는 처지와도 같아 보인다. 장은 담그고 살아야 하는데 그에 파생되는 몇 가지 문제점 때문에 아예 장을 담그지 않는다면? 장을 담금으로써 얻는 유익을 전혀 얻지 못할 것이다. 다시 말해, 소수의 문제 되는 내용으로 인해 공립학교를 그만두는 것은 공교육이 자녀와 가정에게 제공할 수 있는 여러 가지 혜택과 유익을 스스로 발로 차버리는 모습이 된다는 말이다. 공립학교에서 가르치고 있는 99% 대부분의 내용은 일각의 염려와는 달리 학생으로 하여금 건전한 시민성을 갖추게 하고 건강한 정신과 육체를 가지고 성장하도록 돕는 내용들로 구성되어 있는데, 1%도 안되는 잘못된 내용 때문에 학교를 그만둔다면? 너무 공교육을 모르고 결정하는 일이 되기에 심히 안타까움을 자아낸다.

기독교 교육을 받게 하고 싶어 기독대안학교로 자녀들을 보내시는 학부모님들의 결정에 반대할 생각은 전혀 없다. 우리 아이가 물리적, 재정적으로 기독대안학교 교육을 받을 수 있는 상황이고 지내기 적합한 대안학교가 주위에 있다면 얼마든지 보내실 수 있고 그러한 결정에 난 찬성한다. 하지만 수하 어머님의 경우는 조금 다르다. 자녀가 기존에 공립학교를 잘 다니고 있었음에도 학교를 옮기는 이유가 앞으로 잘못된 것을 학습할까 봐 염려하는 마음이라니…. 너무 수동적이고 회피적인 태도는 아닐까? 그리고 학교를 옮긴다는 것이 부모와 자녀에게 어디 쉬운 일인가? 그동안 사귀었던 수하 친구들과의 관계는 어떻게 될 것인가? 수하 어머님은 1%의 잘못된 내용을 수하가 들을까 하는 염려 때문에, 99%의 전문적인 교육을 받을 기회를 잃어버리셨다. 나는 크리스천 교사로서 이 상황이 매우 안타까웠다.

두려움을 넘어 세상 속으로

돌이켜보면 수하의 사건은 내가 이 책을 쓰게 된 계기 중의 하나가 되었다. 이 책은 공교육이 오염되었으니 도망가자고 촉구하는 책이 아니다. 이 책은 공교육 속 반성경적인 내용이 일부 있음에도 불구하고,

공립학교에 자녀를 보낼 수밖에 없는 현실에 놓여 있는 학부모를 위해 공교육 사용법을 알려주는 책이다. 공교육 속에서도 자녀들이 분별력을 가지고 믿음의 자녀로 성장할 수 있도록 공교육에 대한 정보와 자녀 교육에 관한 지혜와 조언을 담은 책이다.

SNS나 인터넷을 통해 전파되는 다음 세대 교육과 관련된 메시지 중에는 건강하게 우리나라 교육의 미래를 걱정하고 중보기도를 촉구하는 좋은 선지자적 메시지들이 분명히 있다. 하지만, 어떤 메시지들은 "공립학교는 이제 완전히 마귀에게 넘어갔다", "공립학교에 다니면 자녀가 동성애를 해도 된다고 배우니 이제 공립학교 보내면 안 된다"는 식의 발언을 서슴지 않는 것을 들었다. 무엇을 알고 그렇게 발언하시는 건지…. 공교육 현장에 있는 교사로서 심히 우려스러운 부분이었다. 크리스천들은 세상 속의 빛과 소금으로 부르심을 받았지, 세상에 전염될까 두려워 세상 등지고 산속에 들어가 도를 닦는 종교가 아니다. 다음 세대 교육에 경각심을 심어주는 메시지는 공교육은 바벨론 그 자체니 모두 그곳을 떠나라는 메시지가 되면 안 된다. 오히려, 세상 교육 영역이 하나님 나라로 변화되도록 촉구하고, 그것을 위한 다양한 방안과 전략을 제시하는 메시지가 되어야 한다.

이 책을 읽고 있는 당신은 어떠한 메시지를 듣고 있는가? 크리스천들에게 한국은 이제 공교육을 정말 포기해야 하는 수준에 온 것인가? 공립학교는 이제 정말 진화론과 동성애를 가르치는 마귀의 소굴이 되었는가? 아니다! 아직 공교육은 우리 사회를 지탱하는 근본이고 희망이다.

우리 사회는 코로나 시기 공교육이 그 역할을 잃어버렸을 때 겪었던 어려움과 아픔을 기억하고 있다. 자녀가 학교에 가지 못하게 돼 부모도 직장에 가지 못한 사연들, 한창 학문을 갈고닦아야 하는 학생들이 학교에 가지 못해 목적을 상실한 채 집에서 게임만 주야장천 했던 모습들, 그로 인한 학생들의 전반적인 학력 저하 현상, 학교에서 인성과 사회성을 계발하지 못해 우울감을 겪었던 학생들의 모습 등 사회 속 공교육의 역할이 얼마나 중요했는지 이루 말할 수 없었다.

필자는 이 책을 읽고 계신 독자 분들에게 요청하고 싶다. 이 책을 읽으시는 모든 분들이 공교육을 향한 희망의 끈을 놓지 않고, 공교육을 위해 함께 기도할 수 있기를 바란다. 이 책을 읽는 시간이 우리나라 약 520만 공립학교 학생들을 어떻게 하면 살릴 수 있을지 함께 고민하는 시간이 되시길 바란다. 왜냐하면 나는 우리 하나님께서 이 520만 명의 학생들을 결코 포기하지 않으셨다고 믿기 때문이다. 그리고 그분은 이 공교육에 당신의 생기를 불어넣기를 원하신다고 믿기 때문이다.

동시에, 이 책을 읽으면서 공교육에 다니는 내 자녀를 믿음 안에서 어떻게 건강하게 키울 것인지 한번 생각해 보는 계기가 되시면 좋겠다. 크리스천 교사이자 학부모로서 같은 고민을 해본 나의 경험과 제안들이, 이 책을 읽는 분들에게 큰 도움이 되기를 간절히 기도한다.

2
공교육을 받는 학생, 성경적 교육이 가능할까?

우리가 알다시피 종교적 중립성을 표방하고 있는 공교육에서는 대놓고 성경을 가르치진 않는다. 사실 법적으로 막아놨기 때문에 불가능하다고 말하는 것이 맞을 것이다.

> *초 · 중등교육법 제6조(정치적 중립)
> 2항 학교는 교육을 할 때 특정한 종교를 강요하거나 편향된 내용을 가르쳐서는 안 된다.

학교 교실에는 기독교, 불교, 천주교, 원불교 등 종교가 다양한 선생님들과 학생들이 앉아 있다. 학생의 가정들이 믿는 종교도 각양각색이다. 따라서 공교육을 통해 성경적 교육을 받는다는 것이 불가능해 보인다. 하지만 이 말은 반은 맞고 반은 틀린 말이다. 공교육을 통해 성경을 배우는 것은 불가능하지만, **"성경적인 가치"**는 공교육 안에서도 얼마든지 배울 수 있기 때문이다.

　공교육을 통한 성경적인 가치 교육이라는 말은 성경이 가르쳐주고 있는 정직함, 신실함, 근면함, 타인 존중과 배려, 이웃 사랑, 규칙과 질서, 권위 존중, 협동심 등 인간 세상에서 살아가는데 하나님의 형상인 인간이라면 기본적으로 탑재하고 있어야 하는 도덕적 가치 교육을 의미한다.
　위의 성경적 가치들이 현재 학교에서 가르쳐지고 있다는 말인가?
　그렇다. 굳이 도덕 수업을 언급하지 않더라도 학생들은 공립학교에서 매 순간 생활하며 위와 같은 성경적 가치들을 직접적이거나 잠재적으로 습득하고 있다.

　우리 아이가 옆 친구와 왜 자꾸 관계의 문제가 생길까? 상대방에 대한 존중과 배려를 아직 배우지 않아서 그렇다. 그 아이는 학교 친구와의 관계 속에서 갈등 상황을 겪어보며 타인 존중과 배려의 가치를 학습하고 있는 것이다. 아이들은 시험 볼 때 커닝하지 않고 정직하게 봄으로써 정직을 배우기도 하고, 잘했든 못했든 학교 숙제를 정해진 기한 안에 제출하여 자신이 맡은 일을 성실하게 해내는 과정을 통해 근면함을 배우기도 한다. 교회가 아니더라도 교육 기관인 학교를 통해 다양한 성경적 가치들을 훈련받고 살아내게 되는 곳이 학교이다.

　어떻게 일반 공교육에서 이러한 성경적 가치 교육이 이루어질 수 있었을까? 그것은 학교 교육이라는 행위의 특성에 그 답이 있다. 학교 교육이라는 것은 기본적으로 사회라는 공동체 안에서의 인간이 어떻게 그가 속한 사회 속에서 살아가야 하는지 삶의 기준을 가르쳐주기 때문이다. 그리고 기독교 전통이 강한 미국 교육과정의 영향을 많이 받은 우리나라 교육과정 특성상, 그 삶의 기준들은 많은 부분 성경에서 온 것들이다.

물론 공교육에 문제가 없는 것은 아니다. 특히 근래에 들어와 기독교적 가치에 기반한 튼튼하고 건전했던 공교육의 기준들을 흔들려는 시도들이 생겨나 공교육에 큰 도전이 되고 있다. 하나님의 창조 섭리의 근간 자체를 흔들어 놓으려는 동성애와 젠더이데올로기를 비롯하여, 학교 내의 학생인권조례들, 초창기 때부터 교육과정 논의가 너무 부족하여 창조과학이 아닌 진화론을 기반으로 서술되어 있는 과학 교과서들, 종교적 중립성을 유지하기 위한 세속주의의 영향으로 예수님이 하나님의 아들이 아닌 세계 4대 성인 정도로 여겨지는 서술 등이 그 예들이다. 우리는 이러한 공교육 속의 누룩들을 주의하여 무엇이 진리인지 자녀에게 올바른 분별력을 키워주어야 한다.

공교육의 누룩들

크리스천들이 주의해야 할 공교육 속 가르침들에 대해서는 필자의 개인 블로그 「아이언쌤의 슬기로운 공교육 생활」에 자세히 수록해 놓았으니 참고하길 바란다.

이러한 세속의 가치와 교육들이 밀려와도 크리스천들은 두려워할 필요가 없다. 우리 크리스천 학부모들만 깨어있다면 이러한 반성경적이며 세속주의 교육들은 오히려 우리 아이들이 무엇이 참이고 거짓인지, 무엇이 성경적이고 반성경적인지를 올바로 분별해 볼 수 있는 좋은 학습 도구 될 수 있기 때문이다. 마치 A라는 개념을 배우기 위해 A를 공부하는 것과 더불어 A가 아닌 것들이 무엇인지 배우게 되면, 진짜 A가 무엇인지 더 잘 분별하게 되고 알 수 있는 이치와 같다.

갈멜산에서 엘리야가 바알과 아세라 선지자 850명과 함께 하나님의 제단과 거짓 신들의 제단을 통해 누가 참 하나님인지, 누가 참 신인지 이스라엘 백성들에게 보여주었던 것과 같이, 공교육 속에 뿌려진 다양한 거짓말 속에서도 하나님의 진리의 빛이 비치면 우리 아이들은 진짜가 무엇인지 더 명확히 알게 되는 것이다.

바벨론 제국의 공교육을 받았던 다니엘

성경에 보면 우상이 가득했던 타락한 제국 속에서도 하나님의 빛을 발하며 공교육을 받았던 한 사람이 나온다. 그 사람은 바로 우리가 다음 세대의 롤모델을 얘기할 때 빼놓지 않고 드는 사람, 다니엘이다.
"다니엘이 진짜 공교육을 받았었나요?"
의아해하시는 분이 있을 수 있다. 성경을 통해 분명히 말씀드릴 수 있는 것은 다니엘은 기독대안학교나, 기독 사립학교에서 키워졌던 사람이 아니었다.
다니엘은 바빌로니아 제국의 "공교육"에서 키워졌던 사람이었다.

"그때에 왕은 아스부나스 환관장에게 명령하여, 이스라엘 백성, 특히 왕과 귀족의 자손 가운데서, 몸에 흠이 없고, 용모가 잘생기고, 모든 일을 지혜롭게 처리할 수 있으며, 지식이 있고, 통찰력이 있고, 왕궁에서 왕을 모실 능력이 있는 소년들을 데려오게 하여서, 그들에게 바빌로니아의 언어와 문학을 가르치게 하였다"(다니엘 1:3-4 표준새번역)

위의 말씀이 공교육에 자녀를 보내고 있는 크리스천 학부모들에게 시사하는 두 가지 포인트가 있다.

●**첫째**, 다니엘이 같은 민족인 이스라엘 사람들, 지금으로 따지면 예수님을 믿는 사람들로 이루어진 기독대안학교 교육을 받았던 것이 아니라 세상 공교육을 받았다는 점이다.

●**둘째**, 오늘날의 우리 아이들과 같이 하나님을 대적하는 문화가 만연해 있는 사회 한가운데에서 교육받았다는 점이다.

바빌로니아가 어떤 나라였는가? 우상이 가득했고, 왕이 세운 우상에게 절하지 않으면 활활 타오르는 불길 속에 태워 죽이는 악법이 존재했던 나라였다. [비전성경사전]에서는 다니엘 시대의 느부갓네살 왕 때가 바벨론 제국의 전성기였다고 말한다. 느부갓네살 왕은 성경에 나오는 금으로 된 거대한 신상뿐만 아니라 자신이 지은 왕궁들의 지붕마다 말둑(Marduk) 신을 위한 신전을 지었던 지독한 우상숭배자였다. 오죽하면 요한계시록 18장에서 세상 끝날 지독히도 타락한 거대 도시의 모습을 로마도, 페르시아도 아닌 바벨론으로 묘사했겠는가!

지금 공교육 시스템 안에 여러 세속적 가치들과 반성경적 내용들이 들어와 있는 것처럼, 당대 최고의 바벨론 교육 시스템 안에도 분명히 하나님을 대적하는 여러 사상들과 내용들이 있었다. 그럼에도 불구하고 우리가 위 성구에서 희망을 볼 수 있는 것은, 다니엘은 그러한 바벨론 교육 시스템 안에서도 꿋꿋하게 믿음을 지켜나가며 당대의 하나님의 뜻을 이루는 통로가 되었고 빛과 소금으로 살아갔다는 것이다.

다니엘은 어떻게 그럴 수 있었을까? 이에 대한 답은 그다음 성경 구절들을 보면 알게 된다.

"다니엘은 왕이 내린 음식과 포도주로 자기를 더럽히지 않겠다고 마음을 먹고, 환관장에게 자기를 더럽히지 않을 수 있도록 해 달라고 간청하였다"(다니엘 1:8 표준새번역)

우리 아이들이 다니엘처럼 살게 하기 위해선 위의 말씀을 명심해야 한다. 다니엘의 중심에는 붙잡고 있었던 하나님의 뜻과 말씀이 있었다. 당시 왕이 내렸던 음식에는 하나님께서 율법에서 섭취를 금하신 동물들로 만든 음식들이 있었기 때문에 다니엘은 환관장에게 그런 부탁을 했다. 즉, 다니엘에게는 바벨론 공교육 안에서 "이건 하지 말아야지⋯. 이건 멀리해야지⋯. 이건 하나님의 뜻이 아니야" 하는 "분별력"과, 그 분별한 것을 행동으로 옮겼던 "살아있는 믿음"이 있었던 것이다.

이렇게 하나님의 진리를 분별할 수 있는 분별력과 하나님을 향한 살아있는 믿음은 현대를 살아가며 공교육을 받는 우리 자녀들에게도 믿음의 자녀로서 세상 속에서 승리할 수 있게 하는 중요한 키이다. 그래서 부모 세대로서 우리가 할 일은 우리의 자녀들에게 그 분별력과 살아있는 믿음을 전수해 주는 것이다.

부모 세대들이여! 우리 자신들을 한번 돌아보도록 하자. 나는 우리의 자녀를 이 시대의 다니엘로 키우기 위한 준비가 되어있는가?

공교육 안에서도 다니엘처럼 하나님의 가치관만 분명하게 서 있다면, 공교육을 받으면서도 얼마든지 하나님의 사람으로 주님의 빛을 발할 수 있다는 것이 성경이 약속하는 바이다.

이제 이 장의 주제가 되는 질문에 대한 답을 해보자. 공교육을 받는 나의 자녀, 성경적 교육이 가능할까? 공교육을 받으면서도 믿음의 사람으로 자랄 수 있을까? 대답은 Yes이다! 다만, 다니엘처럼 바벨론 속에서도 우상에게 절하지 않으려면 하나님의 말씀을 알아야 한다. 그래서 공교육 안에서 무엇이 하나님의 뜻이고 아닌지 자녀가 분별하는 지혜를 갖추도록 하고, 행동하는 믿음으로 나아갈 수 있도록 우리가 도와야 한다.

동시에, 다니엘이 당대의 바벨론 문화와 학문을 알고 있었던 것과 같이(단 1:4), 이 시대의 공교육 문화와 학문을 이해하고 있어야 한다. 그래서 다음 장에서는 공교육이 어떻게 이루어져 있는지 살펴보고, 자녀와 학부모의 슬기로운 공교육 생활을 돕기 위한 실질적인 내용들을 나누려고 한다. 학교 교육과정에서부터 평가 및 학부모 상담, 자녀 학교 생활 등 학부모로서 공교육을 지혜롭게 활용할 수 있는 내용과 방안들에 대해 구체적으로 살펴보도록 하겠다.

2장

슬기로운 공교육 생활

〈학교생활 편〉

1
공립학교 교육과정의 구성 원리
〈나선형 교육과정〉

학부모로서 우리나라 공립학교 교육과정의 특징을 조금만 알고 있어도 가정에서 자녀들의 학업 과정을 코치할 때 큰 도움이 된다. 여기서는 초등-중등-고등과정으로 이어지는 공립학교 교육과정의 큰 특성 중 한 가지인 나선형 교육과정을 소개하고자 한다.

우리나라 교육과정은 기본적으로 나선형 교육과정으로 되어있다.

'나선형이라니?'

다소 생소할 수도 있겠다. 하지만, 알고 보면 단순한 특징이다. 우리가 알다시피 나선형은 소용돌이와 같은 모양으로 첫 윗부분은 넓지만, 안쪽으로 들어갈수록 입구가 좁아지면서 깊어지는 나사와 같은 모양을 뜻한다.

나선형 계단의 모습

　중요한 것은 우리나라의 공립학교 교육과정의 내용이 위 사진의 나선형 계단과 같은 원리로 배치되어 있다는 점이다. 쉽게 예를 들어보겠다. 초등학교 1, 2학년 학생들은 아주 기초적인 내용들을 넓고 다양하게 배운다. 위 나선형 계단의 그림처럼, 맨 위층 계단들은 넓고 수가 많은 것과 같다. 예컨대, 초등 1, 2학년에는 "봄"이라는 과목을 통해 봄이라는 계절과 관련된 일상생활 속의 과학과 사회, 음악 과목의 내용을 배운다. 봄에 꽃이 피는 식물이나 봄에 흔히 볼 수 있는 곤충들에 대해서 배우거나(과학 내용), 우리 가정에 대해서 배운다(사회 내용). 또한, 즐거운 봄이라는 봄에 관련된 노래도 불러본다(음악 내용). 봄이라는 한 과목에서 다양한 교과 내용을 합쳐서 배우는 것이다. 이렇게 초등 1, 2학년은 나선형 계단의 맨 위층에 해당하는 학년이기에 학습 내용을 쉬우면서도 넓게, 다양한 주제로 배운다.

　나선형 교육과정의 원리에 의해 초 3, 4학년이 되면, 초 1, 2학년에서 배웠던 내용을 좀 더 구체적으로 배우게 된다. 나선형 계단과 같이 깊이 들어가면서 보다 심화하여 배우는 것이다. 그래서 초등학교 3학년부터는 초등 1, 2학년이 배우는 봄, 여름, 가을, 겨울의 통합교과목이 아닌, 과학과 사회, 음악, 미술, 체육 과목으로 각각 따로따로 배우게 된다. 과학, 사회로 과목이 따로 분리되니 해당 영역의 내용을 좀 더 구체적으로 배울 수 있게 된다. 예를 들어, 초등1, 2학년 때는 주변에 무슨 동물들이 있는지 알아보기만 했다면, 이제 초등 3학년부터는 해당 동물들에게 어떤 특징이 있고 곤충이란 무엇이며 어떤 특징을 지니고 있는지 더 구체적으로 배우게 된다.

사슴벌레는 알, 애벌레, 번데기, 성충 단계를
거치는 **완전 탈바꿈**을 한다.

알　　　　　　애벌레　　　　　　번데기

사슴벌레의 한살이

성충

초등 3학년 1학기에 배우게 되는 곤충의 한살이 내용

이 내용이 중·고등학교에 들어가면 우리가 잘 알고 있는 "생물"이란 교과목에서 더 자세히 배우게 된다. 초등학교의 "과학" 과목은 생물, 물리, 화학, 지구과학의 내용이 과학이라는 한 과목으로 통합되어 있지만, 중·고등학교에서는 각 세부 내용을 따로 교과목으로 분리해 더 복잡한 개념들을 배우게 되는 것이다.

예를 들어, 중학교 1학년의 3단원 [생물의 다양성]이라는 단원에서는 초등학교에서 배우지 않았던 유전자라는 개념과 생물계, 종의 분류 등 보다 학문적이고 전문적인 용어와 개념들이 들어간다.

나선형 교육과정의 특징과 장점

이러한 나선형 교육과정은 학습 내용이 반복적이고 점진적인 심화 학습으로 이어지기 때문에 같은 지식을 체계적으로 발달시켜 나갈 수 있다는 장점이 있다. 어렸을 때 배운 내용이 몇 년 후 다시 나오기 때문에 학습 내용의 이해도가 높아지고 기억력 향상에도 도움이 된다. 단점이라면 초등학교부터 고등학교 과정까지 12년간의 학습 내용 전체를 하나의 점진적 교육과정으로 설계해야 하므로 해당 교육과정 구현이 복잡하고 만드는 데 전문적인 인력이 필요하다는 데에 있다. 하지만, 우리나라에는 이러한 일을 해낼 수 있는 교육 전문가들이 충분하며 70여 년간 10여 차례 교육과정을 변경해 오면서 쌓여온 교육과정 설계 노하우가 있기에 큰 문제는 아니다.

학부모에게 나선형 교육과정이 주는 시사점

학부모로서 나선형 교육과정이 무엇인지 이해했다면, 깨달아야 하는 것이 있다.

●**첫째는,** 만약 우리 아이가 동급생 대비 학습에 뒤처져 있는 아이라면 2, 3년 전의 교육과정을 들추어 보고 다시 기초를 쌓아 올릴 필요가 있다. 학습이 기본적인 내용에서 점진적으로 심화되는 것이 한국 교육 과정의 원리이므로, 개념이 점차 어려워지는 수학 교과뿐만 아니라 모든 교과목을 그렇게 보충할 수 있다.

●**둘째는,** 우리 아이가 학습이 빠른 아이라면 1, 2년 앞서 선행 학습을 하는 것이 나쁜 것이 아니라 자연스러운 것이라는 점이다. 지금의 학년에서 배우는 내용을 충분히 이해한 아이는 자기 능력에 맞게 1, 2년 앞선 교과서를 확인하면 보다 심화된 내용으로 학습할 수 있도록 교육과정이 구성되어 있기 때문이다.

●**셋째로,** 나선형 교육과정은 학년이 지나도 같은 내용이 반복해서 나오는데 그 이유는 반복성을 통해 해당 개념에 대한 이해력을 높이기 위함이다. 우리 부모들도 배워도 또 잊어먹고 하지 않은가? 학생들도 마찬가지이다. 해당 개념이 다음 학년에 또 나왔을 때 내 자녀가 작년에 배웠던 것인데도 잊어버렸다면, 꾸짖기보다는 반복 학습을 통해 다시 배우게 하자.

이와 같이 우리나라 교육과정은 몇 년 동안 반복해서 해당 개념을 배우며 숙지하게 되어 있으니 한 번에 모든 것을 익히고 잊어버리지 말아야 한다는 강박관념을 자녀에게 주지 않도록 하자. 우리나라 고3까지의 교육과정을 통과하면, 자연스럽게 한 개념에 대해 수차례 반복 학습이 될 것이기 때문이다.

2
초등 교과 평가의 비밀

    자녀교육에 관심 있는 학부모 중 학교에서 실시되는 시험에 예민하지 않은 학부모는 없을 것이다. 자녀가 공부를 아무리 열심히 했다고 말은 해도, 부모들은 결국 자녀가 공부를 어떻게 했는가를 시험성적으로 확인하기 때문이다. 이때 크리스천 학부모들은 자녀들의 시험성적 결과도 평가해야 하지만, 시험공부를 하는 전 과정과 자녀가 기울인 노력도 함께 평가해야 한다. 공부를 잘하는 재능을 가진 아이들이 있고 그렇지 않은 아이들도 있는데, 시험성적의 결과만 가지고 자녀의 학습을 평가한다면, 자칫 자녀의 자신감만 떨어뜨리고 자녀에게 하나님이 주신 공부 이외의 다른 달란트를 놓치기 쉽기 때문이다.

학부모 세대 때와는 많이 달라진 평가 시스템

학교 평가는 학교라는 시스템 안에서 언제나 중요한 자리를 차지해 왔고 지금도 그렇다. 그런데 현재의 학교 시험과 평가 과정은 학부모 세대 때와 비교해 정말 많이 달라졌다.

지금 초등학생을 자녀로 둔 부모들은 대부분 초등학교를 국민학교로 부르고 있을 때 학교를 다녔을 것이다. 그 당시에는 초등학교 시험에서도 몇 개 이상 틀리면 선생님께 "사랑의 매"를 맞았던 적도 있었다. 시험 이후에는 점수가 공개되어 반에서 몇 등을 했는지까지 며칠 안에 학급 게시판에 게시되기도 했다. 1등을 하던 아이가 다음 시험에서 5등을 했을 때의 아쉬움, 20등을 했던 아이가 다음 시험에서 5등까지 올랐을 때의 그 희열, 모두 약 20년 전 학급의 흔한 교실 풍경이었다.

그런데 현재 초등학교 교실에서 그런 풍경은 전혀 찾아볼 수 없다. 전국 공립 초중등학교 평가의 방향이 완전히 바뀌었기 때문이다. 무엇이 달라졌을까?

가장 큰 변화로는, 초등학교에서 지필평가(객관식이나 단답식)가 사라졌다. 지필평가는 공식적으로 중학교부터 실시되는 시험이 되었다. 그 이유는 지필평가라는 것이 암기 중심의 단편적인 지식을 묻는 시험이라는 주장 때문이다. 그리고 상대적으로 어린 초등학생들에게는 암기 위주의 시험을 없애주어 지나친 학습 부담을 줄여주고자 한 것이다. 그래서 요즘은 마치 도전 골든벨을 하듯이 "임진왜란이 발발한 연도는 몇 년도인지 다음 중 정확한 연도를 고르시오"와 같은 암기 문제는 더 이상 초등학교 평가에 나오지 않는다. 대신에 임진왜란과 관련된 지문을 준 뒤, 임진왜란이 발발하게 된 원인을 적어보라는 "서술형 문제"로 평가를 본다. 암기한 지식만 평가하던 방식에서 공부한 내용을 종합적으로 이해하여 자신이 생각이 들어간 서술형 문장으로 된 답변을 요구한다. 그렇게 함으로써 종합적이고 논리적인 사고를 할 수 있는 학생을 키울 수 있다고 보기 때문이다.

이러한 지필 평가의 축소와 서술형 평가의 확대는 그 취지에 있어서는 매우 바람직해 보인다. 모든 지식이 인터넷으로 검색 가능한 시대에는 단편적인 지식 암기 위주의 공부가 아니라 학생들의 사고력을 키워주는 것이 더 필요로 하기 때문이다. 필자도 이러한 평가 방향에 대해서 많이 공감하는 바이다. 하지만, 이러한 서술형 평가에는 함정이 있다. 바로 평가 문항의 수가 지나치게 줄었다는 점이다.

초등학생 자녀의 서술형 평가지를 받아본 적이 있다면 알겠지만, 서술형 평가는 1장의 평가지에 보통 많아야 4-5문제 밖에 출제하지 못한다. 부모 세대 때 지필평가 시험을 볼 때는 적어도 20문제, 많게는 30문제 정도를 풀어야 했던 것과는 문제 수에서 큰 차이가 난다. 그 이유는, 객관식이나 단답식의 지필평가가 아닌 지문을 읽고 문장으로 답을 쓰는 서술형 평가로 시험이 바뀌다 보니, 초등학교 시험 시간인 40분의 시험 시간 동안 문제를 풀기가 버거워졌다. 아이들이 지문을 읽는 시간도 필요하고, 동시에 깊이 생각해 보고 종합적으로 문장을 써야 하기 때문이다. 그래서 문제의 수가 적어야 초등학생들이 40분의 시간 동안 풀 수 있기에, 한 단원이나 한두 가지의 주제만 가지고 시험을 보는 현상이 나타났다. 예전처럼 아이들이 공부한 전체 영역에서

20~30문제씩 시험 문제를 내기가 어려워진 것이다. 그렇게 되니 학생들이 보는 시험이 배운 내용 전부를 공부하지 않아도 되게 되었다. 이는 학생들이 시험공부를 많이 안 해도 되도록 공부의 양을 획기적으로 줄여주었지만, 아주 적은 분량만 공부해도 웬만한 시험에서 만점을 받을 수 있게 된 기이한 현상을 낳게 됐다.

수학	2024학년도 1학기 서술형평가	3. 규칙과 대응
	00초등학교 5학년 반 ( )번 성명 : ( )	부모님 확인

대응 관계를 식으로 나타내기

1. 언니와 동생은 2살 차이가 납니다. 언니의 나이와 동생의 나이 사이의 대응 관계를 알아보려고 합니다.

1-1. 다음 표를 완성해 보세요.

	올해	1년 뒤	2년 뒤	3년 뒤	5년 뒤	……	10년 뒤
언니의 나이 (살)	11					……	
동생의 나이 (살)	9					……	

1-2. 언니 나이를 △, 동생 나이를 □라고 할 때, 두 양 사이의 대응 관계를 식으로 나타내세요.

답 _____

2. 한 봉지에 귤이 4개씩 들어 있습니다. 물음에 답하세요.

2-1. 봉지의 수와 귤의 수 사이의 대응 관계를 표를 이용하여 알아보려고 합니다. 표를 완성해 보세요.

봉지의 수(개)	1	2	3	4	5	……
귤의 수(개)						……

2-2. 표를 통해 알 수 있는 두 양 사이의 대응 관계를 알맞은 카드를 골라 식으로 나타내어 보세요.

봉지의 수	귤의 수	+	-	×	÷	=	4	5

답 _____

2-3. 봉지의 수를 □, 귤의 수를 △라고 할 때, 두 양 사이의 대응 관계를 식으로 나타내어 보세요.

답 _____

3. 삼각형의 수와 변의 수 사이의 대응 관계를 기호를 사용하여 식으로 나타내어 보세요.

삼각형의 수를 ( ), 변의 수를 ( )(이)라고 할 때,
두 양 사이의 대응 관계를 식으로 나타내면 ( ) 이다.

경기도 한 초등학교 5학년 수학 서술형 평가지.
총 문제의 수가 몇 개 되지 않는다.

이러한 서술형 평가 위주로의 변화가 교육 현장에 야기하고 있는 문제점은 무엇일까?

그것은 바로 학생들의 종합적 사고력을 키워주려는 본래 취지와는 다르게 학생들의 학업량이 현저하게 줄어든 것과, 학생들의 전반적인 학업 수준이 낮아지게 된 것이다.

학생들은 시험공부의 양이 줄어들어 만세를 부를 수 있겠지만, 이에 따라 학생들의 전반적인 학업 성취도가 많이 떨어지게 되었다. 지식을 암기하는 것도 학업의 한 부분이 되어야 하는데 이것이 아예 사라져 버린 것이다. 이 사실은 OECD 회원국 학생들의 학업 성취도를 3년 주기로 평가하는 국제 학업 성취도 평가(PISA)의 우리나라 학생들의 점수와 순위를 보면 확연히 알 수 있다.

우리나라 PISA 주기별 결과

단위: 점, 위

연구 주기	참여국 수·OECD 회원국 수	수학 평균 점수	수학 전체 순위	수학 OECD 순위	읽기 평균 점수	읽기 전체 순위	읽기 OECD 순위	과학 평균 점수	과학 전체 순위	과학 OECD 순위
PISA 2000	43·(28)	547	3	2	525	7	6	552	1	1
PISA 2003	41·(30)	542	1~5	1~4	534	2~3	2~3	538	2~4	2~3
PISA 2006	57·(30)	547	1~4	1~2	556	1	1	522	7~13	5~9
PISA 2009	75·(34)	546	3~6	1~2	539	2~4	1~2	538	4~7	2~4
PISA 2012	65·(34)	554	3~5	1	536	3~5	1~2	538	5~8	2~4
PISA 2015	72·(35)	524	6~9	1~4	517	4~9	3~8	516	9~14	5~8
PISA 2018	79·(37)	526	5~9	1~4	514	6~11	2~7	519	6~10	3~5
PISA 2022	81·(37)	527	3~7	1~2	515	2~12	1~7	528	2~9	2~5

자료: 교육부

news 1

도표 출처: 교육부 & 뉴스1

2000년 우리나라 학생들의 수학 평균 점수는 547점으로 3위였으나,

2022년에는 527점에 특정 영역은 7위를 기록하였다. 읽기(국어)와 과학 점수도 2000년에는 각각 525점에 7위, 552점에 1위였으나, 515점에 12위, 528점에 9위까지 하락한 영역이 생겼다.

이러한 학력 저하 현상은 학교의 평가 범위가 줄어드니 과거 학부모 세대처럼 공부를 많이 해야 할 필요성이 없어졌고, 평소 평가를 보는 횟수와 문제의 수가 줄어들었기 때문이라고 일각에서는 분석하고 있다. 학부모 세대에서는 학교 시험을 잘 보기 위해 필사적으로 공부하며 교과서도 처음부터 끝까지 모두 봐야 했지만, 현재 아이들 세대는 선생님이 평가 전에 알려주는 소량의 시험 범위 내용만 잘 읽고 공부해 오면 웬만한 과목의 서술형 평가는 만점을 받을 수 있게 되었다. 이런 상황 속에서 어떤 초등학생이 학교 공부를 열심히 할지 염려스러운 부분이 있다.

원점수 평가에서 성취도 평가로

최근 달라진 초등 평가의 또 다른 방향은, 성적평가를 더 이상 100점 단위의 점수로 하지 않고 3단계 혹은 4단계의 성취도 평가로 바뀌었다는 것이다. 예전에는 25문제 중에 2개를 틀리면 92점, 5개를 틀리면 80점으로 나왔다면, 현재는 "매우 잘함, 잘함, 보통, 노력 요함"의 4단계 혹은 "잘함, 보통, 노력 요함"의 3단계 성취도 평가를 사용한다.

예전에 수,우,미,양,가로 표기하던 것과 비슷한 것 같지만, 조금만 살펴보면 완전히 다르다. 예전에 "수"를 받으려면 열심히 공부해서 2~3

문제만 틀려야 90점 이상을 받을 수 있었다. 하지만, 지금의 "매우 잘함"(100점)을 받으려면 시험을 볼 때 각 과목에서 요구하는 평가 기준만 넘어서면 된다. 예를 들어, 5학년 1학기 2단원 인권 존중과 정의로운 사회 단원의 평가는 아래의 기준에 맞게 4~5문제로 구성된 서술형문제의 답안을 잘 작성하면 만점인 매우 잘함을 받을 수 있다.

● 평가 기준: 권리와 의무가 충돌하는 일상생활 상황 속에서 적용된 기본권과 의무를 정확하게 구별하고, 권리와 의무가 조화된 해결방안을 논리적으로 제시할 수 있다.

본래 5학년 1학기 2단원 인권 존중과 정의로운 사회 단원을 배우기 위해서는 80여 페이지가 되는 교과서의 내용을 공부해야 한다. 그런데 서술형 평가 시, 위의 평가 기준에만 적합하게 서술했다면 100점에 해당하는 "매우 잘함"을 받을 수 있게 된 것이다. 그런데 과연 이 학생이 매우 잘함을 받았다고 해서 2단원의 내용을 만점이라고 여길 만큼 숙지했다고 볼 수 있을까? 전혀 그렇지 않다. 이 학생은 2단원의 아주 일부 내용인 기본권과 의무에 대한 내용만을 알고 있을 뿐이다. 학부모 세대 때의 시험과 같이 2단원 내용을 전반적으로 이해하고 있다고 보기에 무리가 있는 것이다.

예체능 교과의 실기 평가화

초등 평가의 방향이 달라진 것 중 세 번째는, 음악·미술·체육(음미체)

과 같은 예체능 교과들은 지식을 물어보는 시험이나 서술형 평가를 거의 보지 않고, 대부분 실기 평가로 치른다는 점이다. 음악은 실제로 노래를 부르거나, 미술은 실제로 작품을 만든 것을 두고 평가를 시행한다. 체육에서는 실제로 공을 얼마나 멀리 던질 수 있는가를 시험 보는 식이다. 과거 부모 세대 때 음악에서 다장조의 음계는 무엇이고, 미술에서 수채화를 그릴 때 사용하는 도구에는 어떤 것들이 있는지 지필평가를 봤던 것과는 사뭇 다른 모습이다.

이처럼 과거에는 예체능 과목에서도 지식을 묻는 문제들이 어느 정도 함께 출제되었었지만, 이제 그러한 시험은 예체능 교과에서 거의 사라졌다고 보면 된다.

평가, 이것만은 꼭 챙겨주기!

초등학교 평가 시스템의 현 상황이 이러므로 학부모들이 반드시 놓치지 말아야 할 것이 있다.

● **첫째,** 아이들이 받아오는 "매우 잘함"의 성취 수준을 너무 과대평가하지 말아야 한다. 자녀가 어떤 과목에서 매우 잘함을 받아왔더라도 해당 교과목을 90~100% 아는 것이 절대 아니다. 해당 교과의 일부분을 잘 이해해 평가 기준에 부합한 서술을 잘했을 뿐이다. 평가를 잘 보는 것과 해당 과목을 잘하는 것은 별개의 것으로 구분해야 한다는 말이다.

●**둘째,** 현 초등학교의 평가 시스템에 이러한 취약한 부분들이 있으므로, 자녀가 해당 과목을 잘 소화하고 있는지를 가정에서 따로 확인해 볼 필요가 있다. 자녀가 학교 수업을 잘 따라가며 교과서의 내용을 제대로 소화해내고 있는지를 알고 싶다면, 가정에서 교과서를 가지고 자녀와 질의응답 시간을 따로 가지는 것도 좋다. 교과서의 내용으로 자녀에게 질문해 봤을 때 대답을 잘한다면 학교 수업을 잘 따라가고 있다고 볼 수 있다. 때로는 관련 과목의 문제집을 풀어보는 것도 좋은데, 시중의 문제집들은 학교 공부보다 더 자세한 내용을 묻거나 교과서에는 없는 내용으로 만든 응용문제들도 많으므로 자녀의 학습 부담이 더 늘어날 수 있다는 점은 참고했으면 좋겠다.(필자는 자녀에게 심화학습을 시키고 싶으신 분들에게 문제집 사용을 추천해 드린다)

●**셋째,** 수학 같은 과목은 반드시 문제집을 따로 풀어야 한다. 그래서 수학 문제를 푸는 "절대량"을 늘려주어야 한다. 초등학교 수학 서술형 평가의 문제 수는 많아야 8~10문제이다. 한 단원에 포함된 여러 가지 수학적 개념을 어떻게 8~10문제 만으로 모두 평가할 수 있겠는가? 학교에서 보는 서술형 평가만으로는 수학 교과에 많고 중요한 개념들이 평가에 누락될 수 밖에 없다. 수학은 연습이 많이 필요한 과목이고 다양한 수학 문제 유형을 많이 풀어봐야 새로운 수학 개념들을 숙지할 수 있으므로, 지필평가 형식으로 나온 시중 문제집을 꼭 풀어보라고 권면해 드린다.

3

개정 교육과정이란?

2015 개정 교육과정, 2022 개정 교육과정, 2025 개정 교육과정….

무슨 교육과정을 이렇게 자주 개정할까 궁금해하는 학부모들이 계신다. 자주 바뀌니까 학부모들도 무엇이 바뀌는 건지 찾아볼 엄두를 못 내시는 분들이 많다. 이 장에서는 교육과정이 개정되는 것과 관련한 핵심 내용을 요약해 전달해 드리려고 한다.

국가 교육과정이 "개정" 되는 이유는?

우리나라 국가 교육과정이 바뀌는 요인에는 여러 가지가 있다.

●**첫째, 가장 큰 요인으로 정부의 교체를 그 원인으로 본다.** 우리나라는 소위 정권 교체가 일어날 때 정부의 국정 기조가 바뀌면서 국가 교육

의 기조도 바뀐다. 정부가 바뀌고 국가 교육의 수장이 바뀌면 기존에 교육부가 중요하게 여기던 핵심적인 교육철학에 변화가 필요해진다.

예를 들어, 고전과 다양한 인문학 교육을 중요시하는 사람이 교육부 장관이 되면, 교육부 안에서 그러한 교육을 더 강조하는 분위기가 만들어진다. 그리고 그 강조점을 새로운 교육과정을 만들어 반영시킨다. 바뀐 교육부 장관의 교육철학을 반영하는 것이다. 이때 고전과 다양한 인문학 교육을 중요시하는 교육부 장관이 세워진다면, 새 교육과정에는 더 많은 고전 소설과 시, 유명한 인문학 서적들의 발췌문들이 교과서에 실리게 된다. 2024년 현 교육부 장관과 교육부는 앞으로의 미래 교육으로 AI 인공지능의 이해와 활용 교육을 강조하고 있는데, 이에 발맞추어 2025년부터 초등학교 3, 4학년 학생들은 수학과 영어를 태블릿 PC와 AI 소프트웨어를 사용해 배우게 된다고 한다.

●둘째, 시대적으로 새로운 교육의 도입이 절실히 필요하기 때문이다. 예전에는 AI라든가 코딩교육이란 용어 자체가 존재하지 않았다. 하지만 첨단 기술이 너무도 빠르게 발전하며 학생들이 새로운 개념과 문물을 배워야 할 필요가 생겨나므로 그것들을 새 교육과정 안에 넣어서 가르치고자 하는 것이다. 이전 교육과정에는 없었던 인공지능, 데이터 교육, 엔트리(코딩프로그램)를 가르치는 활동이 2022년 개정 교육과정 안에 새롭게 들어간 것도 이러한 시대 변화를 반영한 결과이겠다.

●셋째, 고교학점제와 같은 교육 정책이 새로 도입되어 교육과정의 근본적인 변화가 필요해졌기 때문이다. 앞으로 2025년이 되면 전국의

모든 공립 고등학교에서는 모든 학생이 똑같은 교육과정을 받지 않고, 마치 대학에서 수강 신청하듯이 학생들이 직접 선택한 과목을 듣게 되는 고교학점제를 실시하게 된다. 이렇게 새로운 방식으로 학교가 운영되려면 시행 근거가 있어야 하므로 교육과정의 개정이 필요해진다. 교육과정이 바뀌어야만 고교학점제에 걸맞은 새로운 직업교육이나 외부 강사들을 학교 안으로 모셔 올 근거가 생기기 때문이다.

최신 개정된 2022년 개정 교육과정의 특징

2022년 개정 교육과정의 특징은 다음과 같다.

- 디지털 교육 강화: 인공지능 기초, 데이터 과학 등의 과목이 신설되고, 정보 교육 시간이 확대된다.
- 기초학력 강화: 국어, 수학, 영어 등 기초 과목의 수업 시간이 늘어나고, 기초학력 보장을 위한 지원이 강화된다.
- 융합 교육 강화: 교과 간 연계를 강화하고, 융합형 과목을 신설하여 학생들의 창의성을 증진한다.
- 진로 교육 강화: 진로와 연계한 교과목을 선택할 수 있도록 하고, 진로 탐색을 위한 프로그램을 제공한다.
- 인성 교육 강화: 인성 요소를 반영한 교과목을 개발하고, 학생들의 인성 함양을 위한 프로그램을 제공한다.
- 지역 교육 강화: 지역의 특성과 요구를 반영한 교육과정을 개발하고, 지역사회와의 협력을 강화한다.
- 학교 자율성 강화: 학교가 교육과정을 자율적으로 운영할 수 있

는 범위를 확대하고, 학교의 자율성을 존중한다.

- 초등학교 입학 연령 하향: 초등학교 입학 연령이 만 6세에서 만 5세로 하향 조정된다.
- 고교학점제 도입: 고등학교에서 학점을 이수하여 졸업하는 고교학점제를 도입한다.
- 교과목 구조 개편: 교과목의 구조를 개편하여 학생들의 학습 부담을 줄이고, 교과목 간 연계를 강화한다.

2022년 개정 교육과정은 2024년에 초등 1, 2학년부터 시작하여 매년 단계적으로 적용된다.

적용 연도	대상 학년
2024년 3월	초등학교 1, 2학년(현재 적용 중)
2025년 3월	초등학교 3, 4학년/중학교 1학년/고등학교 1학년
2026년 3월	초등학교 5, 6학년/중학교 2학년/고등학교 2학년
2027년 3월	중학교 3학년/고등학교 3학년

위와 같은 특징을 지닌 최신 2022년 개정 교육과정에는 어떠한 내용들이 구체적으로 추가되고 변화되었을까? 그 변화에 있어서 가장 핵심적인 내용 세 가지를 설명해 드리겠다.

1. 2025년 고교학점제의 전면 시행

고교학점제란 학생들이 적성과 희망 진로에 따라 필요한 과목을 선택해서 배우고 기준 학점을 채우면 졸업을 인정받는 제도다. 미국 드라마나 영화를 보면 고등학생들이 교실을 옮겨 다니며 수업을 듣는 장면을 종종 볼 수 있는데, 2025년이 되면 이와 같은 모습을 우리나라 고등 학교에서도 볼 수 있게 되는 것이다. 이 제도는 2025년 고1이 되는 학생들부터 시행하게 되는데, 고교학점제를 시행하는 이유는 학생 맞춤형 교육을 시행하여 4차 산업혁명 시대와 같이 변화하는 사회에서도 학생들이 창의적 인재가 되도록 하기 위함에 있다.

이 고교학점제를 시행하기 위해 벌써 일선의 공립 고등학교 교사들은 골머리를 썩이고 있다고 한다. 학생들이 듣고 싶은 과목은 매우 다양한데, 그 수요를 맞추기 위한 교사 혹은 강사의 공급은 턱없이 부족한 상황이기 때문이다. 이 문제와 관련해서 교사 자격증이 없는 외부 강사들을 어느 정도까지 허용할 것이냐가 중요한 관건인 상황이다. 어떤 기사에 의하면, 학교 근방 대학교수들을 활용하거나 고등학생들을 아예 근처 대학에 보내서 수업을 듣게 하자는 이야기까지 나오고 있다고 한다. 개인적으로 전문적인 외부 강사들의 도입에 원칙적으로는 찬성하지만, 해당 외부 강사들의 교사로서 자질 검증 또한 철저히 해야 할 것이다.

2. 2025년 디지털 기기 · AI 소프트웨어의 수업 도입

2025년부터 초등 3~4학년, 중1, 고1 학생들의 수학·영어 과목은 태블릿과 AI 소프트웨어를 활용해 수업하게 된다(매해 다음 학년으로 점차 확대되어 2027년에는 모든 학년에게 적용됨). 전국의 모든 학생에게 개인 태블릿이 지급되고 수학·영어 과목에 활용하게 되는 것이다.

교육부와 언론을 통해 공지된 내용을 보면, 학교 수학 수업에서 사설교육업체 홈○이나 밀크○와 같은 공공 학습 소프트웨어를 개발해 교실에서 수학 개별학습이 이루어지도록 할 것이라 한다. 영어 수업에서는 태블릿을 활용해 원어민의 발음을 개별적으로 듣고 AI 원어민과 영어로 대화해 보는 등의 수업을 하게 된다. 원어민 교사를 채용하려면 1년에 수천만 원의 예산이 들어가는데, 앞으로는 태블릿을 활용해 1:1 AI 원어민 교사가 학생 개개인에게 붙여지는 셈이다.

3. 2028년 대학수학능력시험의 변화

2022년 개정교육과정에 발맞춰 2024년 현재 중3인 학생부터 보게 되는 2028학년도 수능 시험이 개편된다(2027학년도까지는 2015 개정 교육과정에서 수능 시험 출제). 2022 개정 교육과정은 복잡·다변하는 시대에 융합적 사고를 할 수 있는 인재 양성에 초점이 맞춰져 있다. 이런 기조에 맞게 수능도 국어, 수학, 사·과탐 영역에 흩어져 있었던 여러 선택 과목들을 하나로 융합해, 통합적 사고를 측정하는 시험들로 바뀐다. 그래서 선택 과목들이 전면 폐지되며, 문·이과 상관없이 모든 수험생들이 똑같은 시험을 치르게 된다.

2024년 현재 중3인 학생들과(2022 개정 교육과정으로) 고1인 학생들(2015 교육과정)의 수능 시험 범위가 달라지므로 일찍 수능 준비를 하는 가정에서는 이 부분을 염두에 두고 준비해야 할 것이다.

*2027년까지 수능과 2028년 수능 비교표

영역	~2027학년도 수능 (2015 개정 교육과정)	2028학년도 수능 (2022 개정 교육과정)
국어	공통과목 + 선택과목 택 1 공통과목: 독서, 문학 선택과목: 화법과 작문, 언어와 매체	공통: 화법과 언어, 독서와 작문, 문학
수학	공통과목 + 선택과목 택 1 공통과목: 수학 I, 수학 II 선택과목: 확률과 통계, 미적분, 기하	공통: 대수, 미적분 I, 확률과 통계
영어	공통	공통
한국사	공통	공통
사회탐구	17과목 중 택 2 한국지리, 세계지리, 세계사, 동아시아사, 경제, 정치와 법, 사회문화, 생활과 윤리, 윤리와 사상	공통: 통합사회
과학탐구	17과목 중 택 2 물리 I, 화학 I, 생명과학 I, 지구과학 I, 물리 II, 화학 II, 생명과학 II, 지구과학 II	공통: 통합과학
직업탐구	1과목: 5과목 중 택 1 공통과목: 성공적인 직업생활 선택과목: 농업 기초 기술, 공업 일반, 상업 경제, 수산 해운, 산업의 기초, 인간 발달	공통: 성공적인 직업생활
제2외국어/ 한문	9과목 중 택 1 독일어, 프랑스어, 스페인어, 중국어, 일본어, 러시아어, 아랍어, 베트남어, 한문	9과목 중 택 1 독일어, 프랑스어, 스페인어, 중국어, 일본어, 러시아어, 아랍어, 베트남어, 한문

Q. 왜 대입제도는 교육과정 개정 후 1, 2년 뒤에나 바뀌나요?

A. 우리나라의 대입 시험 전형은 학생들에게 매우 중요한 요소이다. 통상 대입제도는 교육과정이 개정된 뒤 1, 2년 뒤에 바뀌게 되는데 그 이유는 교육과정을 개정한 뒤에 대입제도를 그에 맞추어 바로 수정할 수 없기 때문이다.

대입 전형을 연구하는 학자들은 교육과정이 개정되면 개정된 교육 과정이 학교와 학생들에게 어떠한 영향을 미칠지, 교육과정에 수정할 내용은 더 없는지, 학생들에게 의도했던 교육 효과를 낼 것인지, 학생들의 대입 준비에는 어려움이 없을지 등을 수개월에서 1년 정도 연구하게 된다. 거기서 나온 연구 결과에 맞춰 대입 전형에 변화를 주기에, 교육과정 개정과 수능 개정에는 시간 차이가 발생하는 것이다.

그래서 2022년 개정 교육과정이 발표되었을 때도 변화될 대입제도가 함께 발표되지 않고 약 1년 정도 뒤인 2023년 7월에 2028학년도 대입 전형이 확정되어 발표되었다. 참고로 2023년에 2028년도 변경되는 대입제도를 미리 발표하는 이유는 2023년에 중 2인 학생부터 적용되기 때문에 그들이 고등학교에 들어가기 전에 미리 대입을 준비할 수 있도록 하는 취지이다.

Q. 2015년 교육과정이 이후 2022년 개정 교육과정이 나왔는데, 그럼 다음 개정 교육과정은 언제 발표되나요?

A. 아직 새로운 교육과정에 대한 내용은 발표되지 않았으며(2024년 11월 기준), 차후 개정이 필요할 경우 교육부에서 사전에 공론화할 예정이다.

4
학부모 상담 200% 활용법

　모든 공립학교는 새 학기가 시작되고 약 한 달 뒤 "새 학기 학부모 상담 주간"을 갖는다. 보통 1학기에는 담임 선생님이 교체되고 새 친구들이 많으므로 우리 아이가 새 학급에서 잘 적응하며 지내고 있는지 궁금한 학부모들이 상담 신청을 많이 한다.

　재밌는 현상은, 초등학교 1~2학년의 경우 거의 모든 학부모가 상담 신청을 하지만, 자녀가 3~4학년을 거쳐 6학년이 되면 절반도 신청하지 않는 현상이다. 그 이유는 초등학교 1학년 때는 자녀가 공립학교라는 사회 속에서 어떤 존재로 사회생활을 하는지 궁금해 대부분의 학부모들이 학부모 상담에 큰 관심을 가진다. 그래서 어떤 가정은 일하시는 아빠까지 직장에서 조퇴나 휴가를 내고 오시는 경우도 꽤 많다. 하지만, 초등 고학년 학부모들은 저학년 때부터 쌓인 학부모 상담 정보로 인해 우리 아이가 학교에서는 '이렇게 지내는구나'라는 개념을 어느 정도 갖고 있다. 그러한 이유로 고학년 상담은 특별한 일이 없는 한 신청하지 않기도 한다.

  필자는 자녀가 저학년이든 고학년이든 우리 아이의 객관적인 사회 생활을 들여다볼 수 있다는 점에서 1년에 1번은 학부모 상담에 꼭 참여해 보기를 강력히 추천한다. 부모를 제외하고 자녀를 객관적으로 바라봐 줄 사람이 얼마나 있을 것 같은가? 생각보다 별로 없다. 하지만 교사들은 어쩌면 부모 다음으로 우리 아이와 가장 오랜 시간을 보내는 사람들이다. 반 아이들이 20명이 넘지만, 우리 아이를 날마다 가까이서 지도하며 상호 작용하는 사람이 교사이므로 부모 다음으로 우리 아이에 대해 해줄 말이 많은 사람이다. 그래서 상담을 잘 활용하면 집에선 몰랐던 우리 아이가 칭찬받을 일이나 우리 아이의 재능, 교내 이성 친구 여부 등 자녀의 비밀스러운 행태(?)까지도 알 수 있게 된다는 유익한 점이 있다.

학부모 상담 시간 활용법

❶ 1년에 꼭 한 번 이상은 담임교사와 상담하기

  교사들은 평소에 두루두루 자기 반 학생들의 학업과 생활지도를 위해 힘쓰고 노력하지만, 상담 주간에 상담 신청이 들어오는 학부모들의 상담을 위해선 별도의 특별한(?) 노력을 기울인다. 여기서 별도의 노력이라는 것은 교사들이 학부모와 상담하기 위한 해당 학생들의 학업, 생활, 친구 관계 등의 사전 자료들을 준비하게 되는 노력을 의미한다. 상담을 위해 교사는 앞으로 상담할 학부모의 자녀를 한 번이라도 더 유심히 관찰하게 되고 머릿속에 그 자녀의 특성, 습관, 학업 성적, 친구 관계 등에 대한 정보를 담지 않을 수 없게 된다. 그러면 교사는 상담 이후에도 상담한 학생에 관한 이해가 더 깊어진 상태로 한 해 동안 해당 학생을 지도할 수 있게 된다. 그러니 1년에 최소한 한 번은 담임교사와 상담 시간을 갖는 것을 추천한다.

여기서 오해하지 말 것은, 교사들이 상담받지 않는 아이들에게는 관심을 두지 않는다는 말이 아니다. 선생님들은 기본적으로 자기 반 아이들을 잘 이해하고 공평하게 대하며 관심을 골고루 나눠 주려고 노력한다. 이런 평소의 태도와 별개로 학부모 상담을 위해 준비하는 과정 속에서 자연스럽게 해당 학생을 한 번 더 들여다보게 된다는 말이지, 누구를 차별해서 관심을 덜 두고 더 두고의 차이를 말하는 것은 아니다.

❷ 학부모 상담 시간은 우리 아이의 재능을 발견할 수 있는 기회

학부모 상담에 참여할 때 얻을 수 있는 또 다른 유익에는, 내가 미처 몰랐던 자녀의 재능과 장점을 담임교사를 통해 발견할 수 있다는 데 있다. 자녀를 똑같이 교육하고는 있지만 교사는 부모의 주관적 관점이 아닌 1대 다수의 객관적 관점으로 해당 자녀를 바라본다. 학급 내 25명 중 한 명의 아이로 시야를 확장해 상대적으로 객관화해 보는 것이다.

부모들이 아무리 객관적으로 자기 자녀를 바라본다고 하더라도 결국 수백에서 수천 명의 학생들을 상대하며 가르쳐본 교사들의 객관적

평가보다는 주관적일 수밖에 없다. 그럴 경우, 자녀에게 주어진 달란트가 진짜 무엇인지 헷갈릴 수 있다. 아이가 영유아일 때 가르쳐 주지 않은 영어 한마디 한 것을 가지고 "우리 아이 영재인가 봐?"라고 생각하는 학부모들이 그렇게 많다고 하지 않던가? 가정에서는 다른 비교 대상이 없으니 부모가 주관적으로 판단하는 웃픈 현상이 아닐 수 없다. 이런 현실 속에 교사가 자녀를 바라보는 모든 관점이 다 맞진 않을 수 있지만, 최소한 제3 자로서 우리 아이를 객관적이고 상대적으로 평가해줄 수 있는 사람임은 틀림없다. 그러한 사람에게 자녀에 대한 평가와 조언, 자녀의 잠재력과 앞으로 계발해야 할 것들에 관한 권면들을 공짜로 들을 수 있는 기회가 바로 학부모 상담이다.

내가 가르쳤던 민선(가명, 여)이는 행동이나 학습과제속도가 굉장히 느린 학생이었다. 신체 발달은 동급생 대비 평균 이상으로 잘 발달해 있었고 언어 이해 능력도 충분히 있는 학생이었지만, 이상하게 학습과제를 주면 항상 제일 꼴찌로 마치고 겨우 해냈다. 이와 관련해 민선이 어머님과 상담해 보니 집에서도 뭔가를 시키면 항상 너무 많은 시간이 걸려서 자신도 답답하다는 답변을 들었다. 예를 들어, 그림 그리기를 시키면 보통 아이들이 1시간이면 끝낼 작품을 2~3시간이나 걸리는 식이었다. 하지만, 이 아이에게는 하나님이 주신 특별한 재능이 있었는데 바로 글쓰기 능력이었다. 국어나 사회 시간에 배운 내용을 글로 정리하거나 자신의 의견과 생각을 발표하기 위해 글짓기를 하면, 민선이는 글에 적절한 예시와 근거를 들어 자신의 생각을 효과적으로 전달하는 것이 아닌가? 그렇게 글을 쓴 것이 1회, 2회 이어졌고, 매주 선생님에게 쓰는 생활 편지에도 마치 에세이 작가가 쓴 것 같이 자신이 겪은 일을 생동감 있게 작성했다. 나는 민선이에게 글 쓰는 재능이 있음을 확신할 수 있었다.

이후 그것을 민선이 어머님과 상담할 때 나누었고, 어머님은 민선이가 정말 그런 재능이 있냐고 반문하시며 자신은 전혀 몰랐다고 얘기하셨다. 다 아는 줄 알았던 우리 아이의 모습 중에 부모가 전혀 몰랐던 재능을 발견하는 순간이었다. 이 일은 결과적으로 학부모 상담을 통해 일어났고 아이의 부모님이 상담 신청을 하지 않았다면 계속 몰랐을 수도 있었던 일이었다. 이것이 바로 학부모 상담이 중요한 이유 중 하나이다.

❸ 교사는 농담으로 자녀의 훈육이 필요한 부분을 언급하지 않는다

교사가 상담해 주는 말 중에 혹시 자녀의 문제점을 지적하는 말이 있었는가? 그때 당신의 반응은 어떠했는지 궁금하다.

부모 입장에서 자기 자녀의 행동에 대해 지적을 받으면 그것이 마치 자기 잘못인 것 같을 때가 있다. 나도 교사이기 전에 자녀를 키우는 학부모이기 때문에 그런 점을 충분히 공감한다.

이럴 때 필자가 조언해 주고 싶은 것은, 자녀가 지적받은 것을 자기가 잘못한 것으로 절대 받아들이지 말라는 것이다. 아무리 자녀를 부모가 키운다지만 자녀는 나와 다른 인격체이고, 아직 성숙해 가는 과정 중에 있기 때문이다. 따라서 절대 자책하지 말라. 동시에 기분 나빠하며 분노하지도 말라. 오히려 상황만 악화될 수 있다.

교사 입장에서 학부모에게 자녀의 문제점을 언급하는 것은 정말 쉽지 않다. 그래서 대부분의 교사는 상담 시 해당 자녀를 관찰한 중립적인 내용과 칭찬을 섞어 상담의 80~100% 정도를 할애하고, 문제점을 언급하는 얘기는 겨우 20% 정도 나눈다. 어느 교사가 남의 귀한 자식에 대해 조금이라도 나쁘게 얘기하고 싶겠는가? 그런데 만약 교사가 자녀 행동의 문제점에 관해 얘기한다면, 그건 정말 앞으로 자녀의 인생에 도움이 되기 위해서 교사의 양심을 걸고 조언하는 것일 확률이 높다. 동시에, 자녀가 학교생활을 더 행복하게 할 수 있도록 부모의 협조를 구하는 것이기도 하다.

따라서, 교사가 상담 중에 전하는 자녀의 문제점은 기분 나쁘게 생각하지 말고 꼭 새겨들은 뒤 해당 사항을 개선하도록 가정에서 노력해주어야 한다. 그리고 그 외 학교생활에서도 교사에게 협조할 것이 있다면 반드시 적극적으로 협조해 주기 바란다. 그것이 자녀를 위한 길이고 자녀를 살리는 길이다.

자녀의 특정 부분에 훈육이 필요하다는 상담을 들었을 때 조심해야 하는 것이 또 있다. 바로 집에 돌아가 자녀에게 이런 반응을 보이는 것이다.
"선생님이 너에 대해 이런 얘길 하더라. 엄마는 몰랐네.
그렇게 조심하라고 말했는데 학교에서 또 그랬니?
한번 호되게 혼나야겠구나!"

학교 상담 후 부모가 자녀에게 이런 반응을 보인다면 그 자녀는 어떻게 생각할까?

앞으로 상담 주간이 있을 때마다 부모에게 알리지 말아야겠다고 생각할 것이다. 동시에, 자신의 담임교사가 자신에 대해 일정 부분 안 좋게 생각한다는 것에 실망감을 가지게 될 것이다. 분명히 상담 시 자신에 관해 좋은 것을 얘기한 것도 많은데 하나도 기억하지 못하고 나쁜 얘기만 했다고 여길 수 있다. 이처럼 교사와 학생 간의 신뢰가 깨질 수 있으니 학교 상담 후 상담 내용을 자녀와 공유하는 것은 정말 주의해야 한다.

❹ 대면 상담이 어렵다면 전화 상담 활용하기

맞벌이를 하거나 다른 일로 인해 학교에 상담하러 갈 시간이 없는 학부모들은 전화 상담을 활용하는 것도 좋은 방안이다. 어떤 학부모들은 "전화로만 상담하면 너무 예의 없어 보이지 않을까요?", "그래도 1년에 한두 번 보는 상담인데 만나 뵙는 게 예의 아닐까요?" 하시며 10~20분 갖는 상담을 위해 굳이 안 입던 옷을 꺼내어 입으면서까지(?) 학교에 방문하시는 분들이 계신다. 잠깐 상담하는 시간에 비해 너무 많은 노력과 시간이 드는 모습이다. 어떤 분들은 직장에 휴가를 내고 오셨다고 말씀하시는데 그런 말을 들으면 교사로서는 더 부담된다.(웃자고 하는 말이다)

여기 그렇게 바쁜 가운데도 상담하고자 애쓰시는 학부모들에게 희소식이 있다. 학부모 상담은 직접 대면해서 상담할 필요가 전혀 없다. 전화 상담이 있기 때문이다.

선생님들은 대체로 전화 상담을 좋아한다. 그냥 하는 말이 아니라 진짜 좋아한다. 대면 상담을 싫어해서가 아니라 전화 상담을 할 때 선생님들이 체감하는 부담이 더 적기 때문이다. 부담이 적은 이유는, 교실에 손님이 방문하시는데 교실 정리를 해야 하고, 다른 업무를 위해 연구실이나 교무실에 방문하지 못하고 교실에만 묶여 있어야 하기 때문이다. 반면, 전화 상담을 할 때는 상담 외적인 것(외모 등)에 신경 쓸 필요가 없어지고, 교내 혹은 다른 곳에서도 상담을 실시할 수 있다는 장점이 있다.

선생님들이 전화 상담이라고 해서 상담 준비를 덜 하는 것도 아니다. 대면이든 전화이든 한 학생을 위한 학부모 상담을 위해 선생님들이 준비해야 하는 내용은 똑같기 때문이다. 전화냐 대면이냐에 따라 상담 내용이 달라지는 것이 아니라 상담을 위해 준비하는 외적인 노력(교실 환경, 복장 등)이 상대적으로 덜 들기에, 요즘 교사들은 전화 상담을 더 좋아하는 것 같다.(필자가 주변 교사들에게 물어봐도 대부분 전화 상담을 선호하는 것을 알 수 있었다)

만약 그래도 나는 선생님을 1년에 한 번은 직접 만나 뵙는 게 예의라고 생각하고 마음이 편하다면 꿀팁을 하나 드리고 싶다. 그 꿀팁은 바로, 대면 상담을 하려면 2학기보다는 1학기 초 3~4월에 하는 것이다. 그렇게 하면, 1학기에는 대면 상담을 통해 서로 얼굴을 트고 신뢰 관계를 쌓은 채로 새 학년을 시작할 수 있으며, 이후에 추가 상담이 필요할 때는 전화 상담으로 간단히 해결할 수 있기 때문이다.

필자가 대면 상담을 하지 말라는 것이 아니다. 대면 상담은 대면 상담 나름대로 상대방의 표정을 보며 비언어적 표현까지 이해하며 상담

할 수 있다는 장점이 분명히 있다. 여기선 대면 상담이 어려운 분들은 전화 상담을 통해서라도 상담 소기의 목적을 달성할 수 있으니 무리하면서까지 대면 상담을 고집할 필요는 없다는 내용을 말하는 것이다.

❺ 학부모 상담은 가능하면 상담 주간에 갖기

학부모는 학부모 상담 주간에만 상담을 신청해야 할까? 사실, 상담의 필요가 있다면 평소에도 얼마든지 선생님께 학부모 상담을 신청해도 된다. 하지만, 교사 입장에서는 학기 중에 별도로 들어오는 학부모 상담 신청은 조금 부담스러워한다. 학부모 상담 주간에 상담을 신청할 수 없는 사정이 있다면 모르겠지만, 학기 중 별도 상담 신청은 대부분 자녀가 학교 생활하며 문제가 생겼을 때나, 친구 관계 혹은 가정에 문제가 발생했을 때가 많기 때문이다.

그리고 교사들은 학부모 상담 주간에는 다른 업무들을 보거나 학교 행사를 갖지 않고, 학부모 상담에만 몰두한다. 그래서 상담 기간에는 학부모가 질이 높은 상담을 받을 가능성이 높다. 하지만, 학기 중 별도로 들어오는 학부모 상담 신청은 평소 교육과정 준비와 여러 바쁜 업무들을 병행하고 있는 교사 처지에서 상담 준비를 미처 못하고 학부모를 만날 가능성이 있다. 그래서 가능하면 학부모 상담 주간에 상담 신청하기를 추천해 드린다.

만약 사정상 학기 중에 별도로 상담을 신청해야 한다면 반드시 사전에 미리 약속을 잡아야 한다. 그리고 상담의 목적을 전화나 앱으로 선생님께 사전에 간단히 알려드리는 것도 교사가 관련 상담을 준비하는 데 도움이 되겠다.

학부모 상담 신청은 어떻게 하는가?

아직 한 번도 학부모 상담 신청을 해보지 않은 예비 초1 학부모들을 위해 상담 절차를 간단히 설명하고자 한다.

코로나19 이전에는 각 반에서 상담신청서를 학생들에게 가정통신 문으로 나누어주고 신청서를 받았으나, 코로나19 이후 학교가 재오픈 한 뒤로는 가정으로 발송하는 종이로 된 가정통신문들이 많이 사라졌 다. 그래서 요즘에는 학교에서 정한 가정통신문 앱으로 상담을 신청하 는 경우가 대부분이다. 학부모 상담 신청을 위해 공립학교에서 대표적 으로 사용하는 가정통신문 앱에는 다음과 같은 것들이 있다.

〈e알리미〉, 〈하이클래스〉, 〈아이엠스쿨〉, 〈네이버밴드〉

각 학교에서 사용하는 가정통신문 앱은 교무실이나 교실에 문의하 면 알 수 있으니 문의 후 해당 앱을 설치해 공지를 받으면 된다.

학부모 상담 신청절차

❶ 보통 상담 신청 기간 1~2주 전, 가정통신문 앱으로 상담주간을 알려주는 메시지가 온다. 해당 메시지에는 교사가 상담 가능한 시간대가 적혀 있는 데 학부모는 해당 시간표를 참고해 자신이 상담을 원하는 시간에 체크 표 시를 한다.

❷ 각 학년 수업 종료 시간이 다르기 때문에 보통 1~2학년은 오후 1시-1시

30분 사이부터 상담 신청이 가능하며, 3~4학년은 2시부터, 5~6학년은 2시 40분부터 상담할 수 있다.(일반적인 상담 종료 시간은 4시 30~40분이며, 간혹 학부모들을 위해 하루 정도 저녁 상담 시간을 오픈한 학교도 있으니 앱 공지를 잘 확인해 보라)
❸ 보통 선착순으로 신청을 받기 때문에 원하는 시간대에 상담하고 싶다면 앱 공지가 뜨는 대로 바로 신청하는 것이 유리하다.

학부모 상담 준비 꿀팁

❶ 문의할 내용 미리 생각해 가기

학부모 상담 신청을 완료했다면 이제 무엇을 준비하면 될까? 요즘 상담 시간은 보통 학생당 10~20분 사이기 때문에, 몇 가지 질문하고 선생님의 대답을 듣다 보면 금방 끝나버리기 일쑤다. 따라서, 상담 전 미리 조금만 준비해 가면 짧은 시간이지만 더 깊고 유익한 상담이 될 수 있다. 그래서 먼저, 학부모가 자녀의 학교생활에 대해 궁금한 질문들을 미리 적어보고 상담받는 것을 추천해 드린다.

예를 들어, 우리 아이의 친구 관계를 알고 싶다면 "우리 아이가 요즘에는 누구랑 주로 지내는가요?"라는 질문을 미리 준비해 교사에게 질문하는 것이다. 다른 좋은 질문에는 "우리 아이가 집에서 요즘 수학이 너무 어렵다고 하던데요, 수학 수업은 잘 따라가고 있는가요?", "우리 아이가 주변 정리를 잘 안 하는 편인데요, 학교에서 자기 자리 정리는 잘 하나요?"와 같은 질문들이 있을 것이다.

교사들은 기본적으로 학생의 친구 관계, 생활, 학업 등의 요소로 상담 카테고리를 나누어 사전에 상담 자료를 준비하지만, 상담 시간이 짧고 해당 학부모가 진짜 궁금해하는 내용을 알 수 없기에 학부모가 필요하지 않은 정보를 얘기해 줄 수도 있다. 그래서 학부모가 질문을 준비해 먼저 교사에게 물어본다면, 상담 시간을 효율적으로 쓸 수 있을 뿐만 아니라 학부모가 궁금한 것을 교사가 더 적극적으로 상담해 줄 수 있다. 기본적으로 교사들은 가르치는 일을 하기에 질문하는 학생들을 좋아한다. 더욱이 자녀와 자녀의 학교생활에 대해 질문하는 학부모들은 더욱 환영할 것이다.

❷ 자녀에 대해 어필하라

교사에게 자기 자녀의 특성에 대해 어필하는 상담도 좋은 상담이다. 특히 많은 교사가 새 학년 1학기에는 학생들을 다 파악하지 못하고 상담을 갖는 경우가 많다. 학기 초반인 3월 한 달 동안에 25~30명에 가까운 학생들의 사정과 특성을 모두 파악하는 건 큰 무리고, 학기 초라 다른 행정 업무들도 많다. 따라서, 자신의 아이가 원래 어떤 아이이고, 무엇을 잘하며, 어떤 점에서 더 성숙해야 하는지, 특별히 교사가 신경을 써 주었으면 하는 부분은 없는지 학부모가 먼저 얘기해주면 교사에게는 자녀의 학교 생활지도에 큰 참고 사항이 된다.

필자의 경우 어떤 학부모는 작년에 자기 자녀와 다른 반의 학생이

싸웠던 이야기를 한 적도 있었는데, 그런 이야기는 학부모가 먼저 해주지 않았다면 교사로서는 알 수 없는 내용이었다. 그런 내용을 학기 초에 알게 되어 감사했고, 해당 학생을 지도할 때 실제로 큰 도움이 되었다.

❸ 상담 마무리 시 인정과 감사의 표현 사용해 보기

교사와 상담을 마치면서 잘 마무리할 수 있는 한 가지 팁을 드리겠다. 교사들은 자기 반 학생들을 위해서 학부모가 알게 모르게 애쓰는 것들이 정말 많다. 따라서 상담하고 나올 때, "요즘 사회 시간에 ~ 것들을 교실에서 가르쳐주고 계시던데 잘 가르쳐 주셔서 감사합니다"라는 교사의 수고에 대한 인정과 감사의 멘트를 해주시면 좋다. 인정의 말 한마디가 별것 아닌 것 같아도 칭찬은 고래도 춤추게 한다고 하지 않은가? 교사도 사람인지라 누군가 자신의 수고에 대한 칭찬과 격려를 해준다면 자기 반 학생들을 위해서 더 잘해주고 싶어진다. 학생들을 위해 한 가지라도 더 연구하여 가르쳐주고 싶어지는 것이다.

그렇게 인정하는 말과 감사를 표현한 학부모들은 교사에게도 좋은 기억으로 남게 되고 교양 있는 학부모라는 인식을 갖게 한다. 따라서, 상담 말미에 마땅히 할 말이 없다거나 상담을 훈훈하게(?) 마무리하고 싶다면, 교사의 수고에 대한 감사의 멘트를 전하는 것도 좋은 마무리가 되겠다.

끝으로, 작은 것 같지만 실은 중요하고, 생각보다 학부모들이 놓치는 일이 있다. 바로 상담 시간 지키기이다. 필자는 적어도 상담 예정 시간 5분 전에는 해당 교실 앞에서 잠시 대기하거나 미리 준비된 학부모 대기실에서 기다리고 있길 추천한다.

상담에 늦으면 어떻게 되는지 아는가? 만약 자기 차례 뒤에 다른 상담자가 없으면 다행이지만 다음 상담자가 있을 경우, 다른 학부모를 밖에서 기다리게 만들 수 있다. 그리고 늦어서 줄어든 상담 시간으로 인해 나누고 싶은 것들을 미처 말하지 못하고 집에 돌아올 가능성이 커진다. 따라서, 보다 여유 있는 상담을 갖기 위해 적어도 5분 전에는 해당 장소에 도착해 미리 기다릴 것을 추천해 드린다.

5

학교 친구 간 뒷담화 문제,
어떻게 해결하면 좋을까?

사람들이 학교를 작은 사회라고도 부른다. 비록 나이는 어리지만 일반 사회와 같이 여러 세부 조직들이 있고, 다양한 가정환경들이 존재하며 무엇보다 "사람"들이 모인 곳이기 때문이다. 그런데 이 사람들이 모인 곳은 항상 인간관계의 문제가 발생하기 마련이다. 그것은 바로 인간이 죄된 본성을 지니고 있기 때문이다.

교회도 아무리 좋아 보여도 사람이 모인 곳이라 그 속에 여러 문제를 안고 있는데, 수백 명의 학생들과 가정들이 연결된 학교는 얼마나 많은 문제를 안고 있을까? 학교에 다니는 학생들을 겉으로만 보면 자라나는 새싹들 같고 희망이 가득 차고 예쁘게 보일 수 있지만, 학생들도 결국 아직 미성숙한 죄인들이다. 그래서 학생들 간 여러 가지 문제들이 발생하는데 그 가운데 대표적인 문제가 바로 친구 간 뒷담화 문제이다.

뒷담화 문제는 학부모뿐만 아니라 교사들도 가장 다루기 어려워하는 문제 중 하나이다. 뒷담화가 다루기 어려운 이유는 1:1의 관계에서 일어나기보다는 최소 3명에서 많게는 10명까지도 연관이 될 수 있는 문제이고, 치고받는 싸움과 같이 겉으로 드러나는 문제가 아니라 선생님과 부모들이 모르게 은밀하게 이루어지기 때문이다. 거기에 인간관계라는 것이 "서로 잘 지내야 해"라고 말만 한다고 잘 지내지랴? 인간 관계는 버튼 A를 누른다고 바로 B의 결과물이 나오지 않는다. 특히 여학생들의 경우 한 번 마음이 상하면 마음 상한 것을 되돌려 화해하기가 여간 어려운 과정이 아니다 자녀를 키우다가 학교에서 한 번쯤은 들어봤을 친구 간의 뒷담화 문제, 어떻게 해결하는 것이 좋을까? 아래에 필자가 가르쳤던 학급에서 직접 겪었던 사례를 통해 뒷담화 문제 해결법을 나눠보려고 한다.

서연이의 사례

서연이(가명)는 평소에 남을 잘 도와주고 수업에도 열심히 참여하는 5학년 여학생이었다. 부모님이 밤늦게까지 맞벌이를 하기에 서연이는 학교에서 내주는 숙제와 준비물들을 홀로 챙겨야 하는 상황에 놓여 있었다. 그래도 마음씨가 착해 3살 아래인 남동생을 잘 챙겨주는 누나였고 친구들과도 원활하게 지내는 아이였다.

그런 서연이에게 학교에서 친하게 지내는 친구 그룹이 있었는데, 남녀가 골고루 2~3명씩 섞여 있는 5명 정도 되는 그룹이었다. 어느 날 그 친구 그룹 안에 승찬(가명)이란 남자애가 서연이가 자꾸 무언가를 물어보는 습관이 귀찮았던지 그룹 안에 다른 아이들에게 이렇게 말해 버렸다. "야, 서연이 저렇게 자꾸 물어보는 거 짜증나지 않냐?"

승찬이는 원래 서연이랑 잘 지내던 아이였음에도 불구하고 그날은 둘 사이에 장난을 치다 언짢은 일이 있어서 서연이를 비판하는 말을 그렇게 툭 해버린 것이었다. 소위 뒷담화를 했던 것이다. 문제는 옆에 있다가 그 말을 진지하게 들은 같은 친구 그룹 내 유진이가 나중에 서연이를 만나 승찬이가 했던 뒷담화를 전달한 것이었다.

"뭐 내가 없는 자리에서 내가 짜증 난다고 했다고?" 서연이는 차마 그 사실이 믿기지 않아 여러 차례 유진이에게 물어봤고, 옆에 있었던 다른 친구에게도 물어봤지만 그 말은 사실이었다. 서연이는 승찬이에게 배신감을 느꼈고, 알고 보니 옆에서 듣고 있던 유진이와 다른 친구들도 그 말을 반박하기보다 공감했다는 것을 알게 됐다. 그래서 더 큰 마음의 상처를 받아버렸다.

그 이후, 서연이는 그 친구 그룹 단톡방에 자신의 실망감과 분노가 가득 담긴 카톡 글을 올렸고, 자기 부모한테도 이 사실을 알렸다. 그리고 해당 단톡방에 내일 학교 담임 선생님에게 이 사실을 알려 자신을 뒷담화한 모든 아이를 혼쭐내주겠다고 선포했다.

카톡방에 있던 다른 아이들은 사태가 커질 것 같자, 미안하다는 사과글을 연거푸 올렸지만, 이미 상처 나버린 서연이의 마음을 돌이키기에는 역부족이었다. 그러고는 아니나 다를까, 이 일로 극도로 흥분한 서연이 엄마가 그날 오후 내게 전화를 걸었다.

"선생님 이게 지금 무슨 일이랍니까? 우리 서연이가 글쎄 뒷담화를 당했답니다. 이거 은따, 왕따 아닙니까? 저 지금 당장 교장실에 찾아가서 항의 넣겠습니다!"

위의 모든 상황을 전혀 알지 못한 채, 극도로 흥분한 다혈질의 서연이 엄마의 전화를 받은 나는 마치 뒤통수를 '쾅'하고 한 대 얻어맞는 기분이었다.

'잘 지내는 줄만 알았던 아이들이 내가 안 보는 사이에 대체 무슨 일을 저지른 거지?'

나는 일단 전화를 건 서연이 엄마를 진정시키고 내일 아이들을 만나보고 얘기해 볼 테니 참고 기다려 주시며 함께 잘 해결해 보자고 달래(?) 드린 후 전화를 끊었다. 하지만 이게 끝이 아니었다. 서연이 엄마는 분에 못 이겨 나중에 뒷담화를 했던 승찬이에게 직접 전화까지 해서 엄하게 훈계를 해버렸고, 승찬이 엄마와도 연락해 사과를 요구했다.

다행히 승찬이 엄마가 승찬이의 얘기를 들어보고 서연이 엄마에게 먼저 사과했으니 망정이지, 얘들 간 작은 말다툼이 부모들 간 싸움으로 번질 수도 있는 상황이었다. 나는 그런 상황을 전에도 실제로 보았기 때문에 승찬이 엄마가 지혜롭게 사과했다는 말을 듣고는 일단 안도의 가슴을 쓸어내렸다. 하지만 그것도 잠시, 서연이 엄마의 훈계 전화를 받았던 승찬이에게 또 다른 문제가 일어났다. 서연이 엄마의 매몰찬 훈계가 승찬이 마음에도 적지 않은 상처를 남겼던 것이었다.

여러분이 만약 서연이 엄마였다면 위와 같은 상황에서 어떻게 행동했을 것 같은가? 서연이 엄마처럼 자녀의 말을 듣고 흥분하여 선생님께 바로 따지듯이 전화를 걸 것인가? 아니면 상처받은 서연이를 진정시키고 함께 다른 문제 해결 방안을 찾아볼 것인가? 아니면 곧바로 뒷담화의 시작이 되었던 승찬이에게 전화를 걸 것인가?

책을 집필하기 위해 이 사건을 다시 상기하니, 나에겐 당시 극도로 흥분했었던 서연이 엄마의 목소리가 귓가에 다시 맴도는 것 같다. 다행히도 전화를 끊기 전에 서연이 엄마는 조금 누그러진 목소리로 "선생님, 흥분한 상태로 말씀드려 굉장히 죄송합니다"라는 말씀을 남기셨기에 망정이지, 서연이 엄마의 행동은 나에게 적지 않은 충격을 주었다. 나는 서연이 엄마가 다혈질이라는 것을 그때 처음 알았고, 지금은 이해하지만 당시 서연이 엄마의 앞뒤 가리지 않고 나와 가해자 가정에 했던 과격한 말들은 여러 사람들의 마음을 아프게 했다. 서연이 엄마의 행동은 2차 피해자를 낳을 수도 있었던 결코 지혜롭지 못한 행동이었다.

이 사건의 아이들은 당시 5학년이라 언어 사용에 있어서 굉장히 어리숙하고 충동적일 때가 많았다. 5학년이면 기분이 좋을 땐 자기도 모르게 복도에서 점프나 달리기를 하다 선생님께 혼나기도 하고, 기분이 안 좋으면 다른 친구들이 보고 있는데도 책상에 엎드려 흐느껴 울기도 한다. 그리고 바로 전까지 친하게 놀던 친구에게 사나운 말을 던져 상처를 주거나 이기적으로 행동하기도 한다. 아직 인지적으로나 감정적으로나 미성숙한 것이다.

서연이 엄마는 이러한 아이들의 특성을 이해하며 자녀의 이야기를 들었어야 했다. 자기 자녀가 친구에게 부정적 평가를 뒤에서 들었다고 자초지종을 따져보지도 않고 흥분해 교사에게 전화를 걸고, 상대방 아이에게 전화로 상처 주는 말을 한다는 것은 아이들의 생리와 학교 생활을 하나도 모르는 행동이었다고 말할 수 있겠다.

만약 학부모로서 내 자녀가 서연이와 같은 상황을 겪는다면 어떻게 행동하는 것이 좋았을까? 여기서 뒷담화 문제를 해결하는 데 있어서 가장 중요한 첫 번째 원칙을 말씀드리겠다. 서연이 같이 내 자녀가 친구들 뒷담화의 명백한 피해자일지라도, 먼저는 "아이들끼리" 이 문제 상황을 풀 수 있도록 해야 한다. 다시 말해, **아이들 싸움은 아이들끼리 해결할 기회를 주어야 한다**는 말이다.

문제 당사자들이며 서로 비슷한 힘과 위치를 지닌 아이들이, 어떤 어른들의 압력 없이 자신들의 마음을 터놓고 소통할 때 아이들 싸움은 생각보다 금세 해결된다. 아이들의 대화는 보통 위선적이지 않고 진정성이 담겨있으며, 아이들은 한 번 다투다가도 다시 평화롭게, 사이좋게 지내고 싶어 하는 마음을 가지고 있다. 한 반에서 얼굴 보며 매일 같이 생활하는 친구들인데 원수같이 싸우는 마음을 지니고 어떻게 함께 지내겠는가? 그동안에 함께 지내며 쌓였던 우정과 신뢰도 무시하지 못할 화해의 근거가 되기도 한다.

실제로 서연이 뒷담화 사건은 내 입회하에 당사자들을 불러 놓고 서로 마음을 터놓고 얘기할 수 있는 시간을 주자 사건이 일어난 바로 다음 날 모두 깔끔히 해결되었다. 신기할 정도로 모든 관계가 다시 원상복구되었다. 서연이 엄마가 흥분하며 행동했던 것에 비해 정말 우스울 정도로 꼬였던 관계들이 쉽게 풀렸다. 이렇게 아이들 간 갑자기 발생하는 관계의 문제들은 아이들 간의 소통을 통해 대부분 해결될 수 있다. 그러므로 학부모로서 학교의 도움을 얻고 싶다면 교사에게 현재 일어난 문제 상황을 잘 설명하고 학교에서 아이들끼리 소통할 수 있는 자리를 마련해 달라고 부탁하는 것이 제일 좋은 해결 방안이 된다는 것을 알아야 한다.

자녀의 친구들 간 문제가 생겼을 때 학부모로서 하지 말아야 할 행동도 있다. 그것은 바로 서연이 엄마처럼 학부모가 자녀와 관계의 문제가 있는 학생에게 직접 전화를 걸면 안 된다는 것이다. 다시 한번 강조하지만, 학부모가 개입하는 순간 학부모들 간의 싸움으로 전이될 수가 있다. 아무리 피해를 준 가해 학생의 학부모라도 자기 자식은 소중하기 때문에 가만히 보고만 있지 않을 수 있다. 이렇게 한순간의 염려와 흥분으로 일이 더 큰 사태로 번질 수 있으니 문제 학생에게 바로 연락하는 것은 절대 삼가야 한다.

만약 아이들끼리 소통했는데도 풀리지 않는다면 어떻게 하겠는가? 뒷담화한 학생이 반성하지 않으면 어떻게 하겠는가? 걱정하지 마시라. 그러한 뻔뻔한 학생은 본 적이 없다. 뒷담화한 학생이 뒷담화한 것이 명백하다면 피해 학생에게 사과하게 되는 것이 아이들의 생리이며 인지상정이다. 때로는 무엇이 옳고 그른 행동인지 아직 우리 어른들보다 마음이 순수한 아이들이 더 잘 알고 있는 것 같다.

6

기적의 학습 전략은 이것

예전에 어느 한 TV 프로그램에서 학교 성적이 바닥인 고등학교 학생들을 3개월간 특별 지도를 해 시험 점수를 끌어올려 준 적이 있었다. 그때 성적 하위권 학생들을 지도했던 강사는 현재 청소년들 사이에 "공부의 신(공신)"으로 잘 알려진 강성태 씨였다. 해당 TV 프로그램에선 성적이 바닥을 기던 학생들이 공신의 지도를 받자 3개월 만에 중위권 이상의 성적을 받게 된다. 이것을 단순히 강성태 강사가 가르쳤기 때문이라든지 특정 교육 방법을 적용했기 때문이라고 하기에는 무리가 있을 수 있겠지만, 강성태 씨가 학생들에게 사용했던 학습 전략 하나가 교육적으로 아주 효과적인 전략이라 이곳에 소개하고자 한다.

평범하지만 기적의 학습 전략, 복습

성적이 바닥을 치고 있던 학생들을 중위권 이상으로 올려준 기적의 학습 방법은 무엇이었을까? 그것은 바로 **"복습하기"**였다.

"에게…. 겨우 복습이라뇨?"라고 실망했을지 모르겠다. 내 얘기를 끝까지 들어보라. 방송에서 소개된 복습 방법은 일반적인 방법과는 다른 특별한 복습 방법이었다. 이 복습 방법은 간단한 것 같아도 실천에는 꾸준한 노력이 필요했는데, 방법은 다음과 같았다.

학생들은 학교에서 배운 내용을 그날 집에 와서 A4 빈 종이에 기억해서 써보는 활동을 했다. 3명의 성적이 하위권이었던 학생들이 출연했는데 모두 첫날에는 5분도 안 되어 복습을 마쳤다. 5분밖에 걸리지 않았던 이유는 거의 아무것도 생각나지 않아 몇 줄 쓰고는 아무것도 못 썼기 때문이다.

"역시나…. 성적이 안 나오는 학생들은 학교에서 무엇을 배워도 다 흘려듣는구나"라고 생각했을지 모르겠다. 하지만 과연 공부를 못하는 아이들만 그럴까? 나는 그 프로그램을 보면서 배운 내용을 기억 못 하는 학생들을 비판할 수 없었다. 왜냐하면 나조차 밖에서 공부한 내용을 집에서 다시 작성하거나 말해보라고 하면 과연 얼마나 기억할 수 있을지 자신이 없었기 때문이다.

그런데 하루 이틀, 시간이 흐르자 해당 학생들에게 놀라운 일이 일어났다. 아이들의 학교 수업을 듣는 태도가 달라진 것이다. 그전까지는 아이들이 수업을 듣긴 들어도 별로 집중하지 못하고 대충 이해만 하고 넘어갔었다. 하지만, 이제는 매일 집으로 돌아와 배운 것을 기억하여 다시 적어야 하니, 학교에서 배우는 내용들을 허투루 들을 수 없었다.

동시에 배우는 내용을 통째로 외울 수 없으니 잘 기억하기 위해 그날 배우는 내용들을 나름대로 요약 정리하는 습관이 생겼고, 배운 내용을 노트에 적으며 조직화했다.

그러다 보니 학생들은 자신이 학습하는 내용의 핵심 내용이 무엇인지까지 파악하는 수준에 이르게 됐다. 집에서 복습 노트로 쓰는 A4 용지가 흰색에서 검은색 글씨로 점점 가득 차게 된 것은 말할 것도 없었다. 이렇게 복습을 꾸준히 하더니 놀랍게도 학생들의 성적은 이전 20, 30점대에서 3개월 후에는 70점대까지 향상되었다!

위의 조금 특이한 복습 전략에는 사실 다양한 교육학적 원리들이 녹아들어 있다. 우리가 학습에 있어서 예습보다 흔히 복습을 더 강조하는 이유가 있는데, 복습은 이미 배운 내용을 다시 보는 것이기 때문에 집에서 혼자 공부하기에 적합하고, 학습 내용을 두 번째 보기 때문에 예습하는 것보다 공부하는 시간과 노력이 덜 필요해 학습의 효율성을 극대화할 수 있기 때문이다.

그리고 위 TV 프로그램 사례에서 볼 수 있듯이, 배운 내용을 단순히 다시 읽어보는 정도의 복습이 아닌 직접 써보는 복습은 복습 중에서도 최고의 복습 방법이다. 내가 배운 내용을 다시 써볼 때 배운 내용을 다시 깨닫게 되고, 내용을 조직화하고 암기하는 데 큰 도움이 된다. 이런 형태의 복습은 자신이 교사가 되어 스스로에게 다시 한번 설명해 주는 연습을 하게 되는데, 이때 학생의 메타인지를 활용하게 되고 수업 때는 이해하지 못했던 것을 깨닫게 되기도 한다.

복습의 중요성을 증명한 또 다른 유명한 실험이 있는데, 바로 에 빙하우스의 망각 실험이다. 독일의 심리학자 에빙하우스(Hermann Ebbinghaus)는 사람이 학습한 것을 망각하는 것도 일정한 패턴이 있을 거라는 가정을 했다. 그리고는 자신을 실험 도구로 삼아 흥미로운 논 문을 발표한다. 그는 넌센스 음절인 "WID" 및 "ZOF"와 같이 의미가 전혀 없는 세 음절 단어를 다양한 시간 간격으로 암기해 기억하는 자 가테스트를 실시했다. 그리고는 해당 실험 결과를 그래프로 표시하여 망각 곡선을 만들었다. 이 망각 곡선은 시간이 지남에 따라 자신이 학 습한 내용을 얼마나 잊어버렸는지에 대한 정도를 나타낸다.

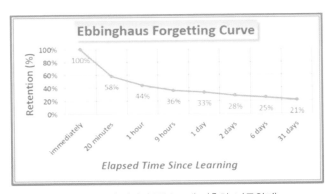

에빙하우스의 망각의 극복 그래프(출처: 나무위키)

위 망각 곡선을 보면 20분이 지나면 학습한 내용의 58%를, 1시간이 지나면 44%를, 하루가 지나면 33%를 기억하는 것을 볼 수 있다. 그리 고는 시간이 흐를수록 기억하는 정도가 점차 줄어드는 것을 확인할 수 있다. 이 이론은 오늘날 인지 심리학에서 매우 중요한 개념이 되었으 며, 효과적인 학습과 기억에 대한 이해에 큰 기여를 했다. 또한, 2015

년 위의 실험을 재현하려는 시도에서 에빙하우스의 원래 데이터와 유사한 실험 결과가 나타나, 이 실험이 현대에도 적용된다는 것을 확증해 주었다.

에빙하우스 연구의 중요 포인트는 학습한 내용을 빠르게, 자주 복습할 경우 100% 기억하는데 매우 큰 영향을 미친다는 것이다. 아래 그래프를 살펴보면, 학습한 지 1일 차에, 3일 차에, 6일 차에 복습을 실시했을 때 기억하는 정도가 급격히 향상됨을 보여주고 있다. 이 말은, 결국 복습이라는 것은 한 번만 보는 것이 아니라 3회, 4회 보는 횟수를 늘려갈수록 더 효과가 있다는 말이다. 그래서 집에서 복습을 할 때는 배운 내용을 당일에 복습할 것과, 이틀 뒤 재차 복습할 것을 제안하며 일정한 시간 간격을 두고 여러 번 볼 것을 추천해 드린다.

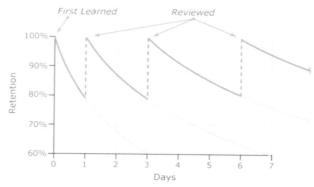

에빙하우스의 망각의 극복 그래프(출처: 나무위키)

위 학생들의 독특한 복습 전략에 적용된 또 다른 교육학적 원리는 바로 "정보 인출하기 원리"이다. 주입식 강의 교육의 문제점 중의 하나는 학습 정보를 듣기만 하고(input) 그것을 내 것으로 소화해 말해보거나 써보는 기회(output)가 없다는 것이다. 그나마 학교 시험이라는 것이 머릿속 정보를 인출해 보는 기회를 주지만, 학교 시험은 배운 지 한참 뒤에 방대한 양을 1회성 객관식 테스트로 끝내는 경우가 많다. 그래서 배운 내용을 세세하게 점검하기에는 한계가 있다.

하지만, 위 TV에 출연했던 학생들처럼 학교에서 배운 내용을 그날그날 집에서 써보는 식의 복습은, 배운 내용을 직접 인출해 보는 과정을 통해 자신의 것으로 온전히 소화시키는 기회를 제공했다. 이것은 마치 흩어져 있던 배움의 조각들을 하나의 퍼즐로 완성시키는 일과도 같아서 학습한 내용을 또렷이 이해하고 기억하는 데 매우 큰 도움을 준다.

가정에서 실천해 보기

필자는 위의 복습 방법을 독자의 자녀들에게 동일하게 적용시켜보는 것을 추천한다.(단, 중학생 이상이어야 적용 가능) 특히 학원에 가지 않고 집에서 혼자서 공부하는 아이들은 이런 복습 방법이 더 효과적이다. 구체적으로 실천하는 방법은 다음과 같다.

❶ 자녀만의 복습 노트를 만든다.

❷ 집으로 돌아오면 복습 노트에 그날 배운 내용을 과목별로 핵심만 기록한다.

❸ 기록한 노트를 부모에게 보여준다.

❹ 부모는 노트를 보고 몇 가지 질문을 해보며 재검사를 한다.

❺ 응용 활동으로 배운 내용으로 문제를 하나 만들어 보게 하는 것도 좋은 복습 방법이다.

❻ 복습한 부분은 이틀 뒤에 한 번 더 읽어보게 하여 기억력을 높여준다.(에 빙하우스의 망각곡선 참조)

이런 식으로 학교에서 배운 내용을 복습하고 부모가 검사해 주면 부모들은 자녀의 학업 상황을 체크하는 데 도움이 된다. 자녀들은 학교에서 배웠지만 이해 못 했던 것을 부모에게 물어볼 수도 있어 이해 못한 것을 그냥 지나치지 않게 된다. 이런 복습 활동이 습관화가 된다면, 우리 자녀들도 위 TV 프로그램에 출연했던 학생들처럼 학교 수업을 더 집중해서 듣게 되고, 학습 태도 또한 달라지지 않을까? 이 글을 읽는 모든 학부모들이 자녀들의 좋은 복습 습관을 만드시는 데 성공하시길 바란다.

7

초등 수학 집에서 가르치기

"에이, 초등 수학은 쉽잖아요~"라고 생각하고 있었던 학부모들에게 막상 초등 4, 5학년 수학 문제를 풀어보라고 하면 어려워 쩔쩔매시는 분들이 많이 있다.

"아, 생각보다 어렵던데요?"

"저도 못 풀 뻔했어요."

나는 학부모 상담 시간에 이런 얘기들을 많이 들었다. 성인인 학부모가 풀어도 어려운 문제가 초등학교에 나온다면, 우리 아이들이 체감하는 초등 수학의 어려움은 더 클 것이다. 매년 학급 아이들에게 가장 어려운 과목이 무엇인지를 물어보면, 대부분 수학을 꼽을 정도로 수학은 아이들에게 항상 어려운 과목으로 여겨진다.

아이들이 어려워하는 수학이지만 누군가 도와주는 사람이 있으면 훨씬 수월하게 할 수 있는 과목이 우리나라 수학이다. 그래서 많은 학부모들이 자녀의 수학 공부에 도움이 되고자 수학 학원이나 과외를 구한다. 하지만, 동네에서 좋은 수학 학원과 선생님을 찾는 일이 쉬운 일이 아니다. 학원에 보낸다고 하더라도 비용 대비 효과성이 얼마나 될지도 의문이 간다. 아이가 학원에 가긴 하지만 시간만 때우고 오는 것은 아닌지 의심이 가기도 하고, 실제로 학원이 잘 맞지 않는 아이도 있다. 학원비도 주당 2~3회 가는데 평균 20~30여만 원에 과외는 30만 원 이상이 든다. 외벌이하거나 형제·자매가 많은 집에서는 꽤 부담스러운 비용이다.

필자는 위와 같은 이유로 인해, 딸을 학원에 보내지 않고 가정에서 직접 수학을 가르쳤다(오늘도 집에 가서 가르쳐야 한다). 일단 내가 교사이다 보니 어느 정도 자신감이 있었고, 교사 생활을 하며 수학 학원에서는 무엇을 가르치고 어떤 것을 어떻게 배우고 있는지 대략 알고 있었기 때문이다. 살펴보니 수학 학원에서 획기적인 수학 풀이 방식을 알려주거나 비법을 교육하는 게 아니라, 문제집을 풀고 어려운 문제들을 풀이해 주는 정도였다. 그 정도라면 내 딸은 내가 직접 집에서 지도하는 것이 낫겠다는 생각이 들었다. 그리고 실제로 내가 지도해 봤더니, 학원비도 아끼고 우리 아이 수학 성적도 올라서 꽤 보람이 있었다.(단, 한 가지 주의사항이 존재한다. 자녀를 가르칠 때 나도 모르게 올라오는 울화통(?)이 가끔 있었는데, 그것을 참기가 쉽지 않았다)

이번 장은 나처럼 자녀를 학원에 보내지 않고 집에서 수학을 자녀에게 직접 가르치고자 하는 학부모들을 위한 장이다. 초등 수학 지도는 상대적으로 쉬운 수학을 다루고 있기에 집에서 직접 가르치기가 훨씬 수월하다. 더욱이 자녀 양육을 위해 직장을 쉬고 있거나 그만두신 분이라면, 집에서 자녀 수학을 직접 지도해 보시길 더 추천해 드린다.

그런 분들을 위해 초등학교 수학이 어떻게 구성되어 있는지 아래에 간단한 설명과 함께 각 학년에서 배우는 중요한 수학 개념들을 수록해 봤다. 그리고 그 개념들을 가르치는 효과적인 방법들을 수록해 보았다.

"알겠어요. 집에서 자녀 초등 수학을 한 번 가르쳐보라는 거죠? 그런데 그건 작가분이 선생님이시니까 가능했던 게 아닐까요?"
아니다. 주위를 둘러보면 본인이 직접 수학을 가르친다는 학부모들을 심심치 않게 만나볼 수 있을 것이다. 그리고 우리나라 초등 수학은 대한민국 고등학교를 졸업한 사람이라면 조금만 교과서를 보고 연구하면 충분히 가르칠 수 있는 내용들로 구성되어 있다. 그러니 겁먹지 말라. 부모가 직접 자녀를 가르치면 가끔 열받는 일(?)들이 일어난다는 단점이 있을지라도, 아이 수학 학원비도 아끼고 자녀와의 소통 시간이 되는 등 장점이 훨씬 많다. 부모를 통한 자녀 맞춤형 수학 지도가 가능해질 뿐만 아니라, 자녀가 학원에 다니지 않고 집에서 스스로 공부하는 습관도 길러줄 수도 있다. 자신감을 갖고 우리 아이 수학 실력 향상을 위한 멋진 도우미가 되어보자!

초등 수학 교육과정 학년군별 핵심 개념들

먼저 아래에 초등학교 각 학년에서 꼭 알고 넘어가야 하는 수학적 개념들을 정리해 수록해 보았다.

영역	핵심 개념	일반화된 지식	학년(군)별 내용 요소			기능
			1~2학년	3~4학년	5~6학년	
수와 연산	수의 체계	수는 사람의 개수와 양을 나타내기 위해 발생했으며, 자연수, 분수, 소수가 사용된다.	· 네 자리 이하의 수	· 다섯 자리 이상의 수 · 분수 · 소수	· 약수와 배수 · 약분과 통분 · 분수와 소수의 관계	(수) 세기 (수) 읽기 (수) 쓰기 이해하기 비교하기 계산하기 어림하기 설명하기 표현하기 추론하기 토론하기 문제 해결하기 문제 만들기
	수의 연산	자연수에 대한 사칙계산이 정의되고, 이는 분수와 소수의 사칙계산으로 확장된다.	· 두 자리 수 범위의 덧셈과 뺄셈 · 곱셈	· 세 자리 수의 덧셈과 뺄셈 · 자연수의 곱셈과 나눗셈 · 분모가 같은 분수의 덧셈과 뺄셈 · 소수의 덧셈과 뺄셈	· 자연수의 혼합 계산 · 분모가 다른 분수의 덧셈과 뺄셈 · 분수의 곱셈과 나눗셈 · 소수의 곱셈과 나눗셈	
도형	평면 도형	주변의 모양은 여러 가지 평면도형으로 범주화되고, 각각의 평면도형은 고유한 성질을 가진다.	· 평면도형의 모양 · 평면도형과 구성 요소	· 도형의 기초 · 여러 가지 삼각형 · 여러 가지 사각형 · 다각형	· 합동 · 대칭	만들기 꾸미기 그리기 구별하기 분류하기
	입체 도형	주변의 모양은 여러 가지 입체도형으로 범주화되고, 각각의 입체도형은 고유한 성질을 가진다.	· 입체도형의 모양	· 평면도형의 이동	· 직육면체, 정육면체 · 각기둥, 각뿔 · 원기둥, 원뿔, 구 · 입체도형의 공간 감각	활용하기 이름짓기 이해하기 채우기 추론하기 설명하기 규칙찾기 조작하기 표현하기 추측하기 확인하기 문제 해결하기

영역	핵심 개념	일반화된 지식	학년(군)별 내용 요소			기능
			1~2학년	3~4학년	5~6학년	
측정	양의 측정	생활 주변에는 시간, 길이, 들이, 무게, 각도, 넓이, 부피 등 다양한 속성이 존재하며, 측정은 속성에 따른 단위를 이용하여 양을 수치화하는 것이다.	• 양의 비교 • 시각과 시간 • 길이(cm, m)	• 시간, 길이 (mm, km), 들이, 무게, 각도	• 원주율 • 평면도형의 둘레, 넓이 • 입체도형의 겉넓이, 부피	비교하기 계산하기 측정하기 어림하기 그리기 추론하기 설명하기 활용하기 (시간) 읽기 표현하기 분류하기
	어림 하기	어림을 통해 양을 단순화하여 표현한다.			• 수의 범위 • 어림하기(올림, 버림, 반올림)	추론하기 설명하기 활용하기 문제 해결하기
규칙성	규칙 성과 대응	규칙성은 생활 주변의 여러 현상을 탐구하는데 중요한 개념이며 함수 개념의 기초가 된다.	• 규칙 찾기	• 규칙을 수나 식으로 나타내기	• 규칙과 대응 • 비와 비율 • 비례식과 비례배분	배열하기 표현하기 추측하기 규칙찾기 규칙정하기 설명하기 이해하기 확인하기 문제 해결하기
자료와 가능성	자료 처리	자료의 수집, 분류, 정리, 해석은 통계	• 분류하기 • 표	• 간단한 그림 그래프	• 평균 • 그림그래프	분류하기 (개수) 세기

수학 교육과정 학년군별 내용 요소(초등)

    표를 보고 벌써 머리가 띵하는 학부모가 계실지도 모르겠다. 위의 표는 교육부에서 배포한 2015년 개정 수학 교육과정 공식 자료집에 나온 표이다. 초등학교 각 학년에서 배우게 되는 수학의 핵심 개념들을 정리해 놓은 표이며, 우리 아이 학년에서 이 정도의 개념은 이해하고 있어야 한다는 것을 알려주기에 좋은 참고 사항이 될 것이다.

    예컨대, 위 표에 따르면, 초등 2학년을 마치게 되면 수와 연산 영역의 두 자릿수의 덧셈과 뺄셈을 할 수 있어야 하고, 시간과 시각의 개념을 이해하여 시계를 볼 줄 알며 시간 계산을 할 수 있어야 한다는 식이다.(위 표에 따르면 이제 갓 초등 2학년이 된 아이들은 아직 시계 읽기를 못 하는 것이 당연하다는 것을 알 수 있다. 따라서, 우리 아이가 2학년인데 시계를 못 읽는다고 조급해하지 않으셔도 된다)

위의 표가 초등 1~6학년 각 학년에서 어떠한 수학 개념들을 배워야 하는지 학부모들에게 큰 그림을 제공할 수 있을 것이다.

*참고: 2024학년도부터 초등 1~2학년은 2022 개정 교육과정으로 개편되지만, 위의 각 학년 군에서 배우는 수학 개념들은 크게 변하지 않으니 위의 표를 참고해도 된다.

저학년(1~2학년) 수학 지도 방법

그 어떤 학년보다 저학년 수학 지도는 스킬이 많이 필요하다. 그래서 아래에는 저학년 수학을 가정에서 지도할 때 도움이 될만한 내용을 수록했다. 초등 저학년 때는 구체적으로 어떤 수학 개념들을 배우는지 살펴보고, 가정에서 적용하기에 좋은 수학 지도법들을 나누어 보겠다.

〈1학년〉

1학년 수학은 내용이 정말 쉽고 분량이 적다. 그 이유 중의 하나는 1학년은 다른 교과 활동을 하지 않고, 입학 초기 적응 활동으로만 3월 1달을 보내게 되기 때문이다.(입학 초기 적응 활동에는 학교 식당 및 화장실 질서 있게 이용하기, 학교 앞 건널목 안전하게 건너기, 40분 동안 자리에 조용히 앉아 있는 습관 들이기, 바른 자세로 연필 잡아보기 등 앞으로 12년간 지내게 될 공립 학교 생활의 기본 질서를 다지는 활동들로 구성되어 있다)

수학 수업 시간도 다른 학년에 비해 제일 적다. 그리고 1학년은 수학 학습에 자신감이 생기는 것이 가장 중요한 학년이기 때문에, 기초적인 수학 개념들만 배우도록 한다.

1학년 아이들을 가르칠 때 핵심은 1학년 수준의 인지능력을 이해하고 학부모들의 눈높이를 많이 낮춰야 한다는 것이다. 그래야만 부모가 자녀를 답답해하지 않고 즐겁게 가르칠 수 있다.

우리에게는 5+4가 껌 씹기보다 쉬운 계산이 아닌가? 하지만 1학년 아이들에게 그건 껌 씹기가 아닐 수 있다. 1학년 1학기에는 이제 "수"라는 것이 무엇인지부터 배우기 시작해 1학년 마칠 때쯤에는 한 자릿수의 덧셈으로 아직 20이 넘지 않는 계산을 한다(예: 9+8). 그리고 100까지의 수를 셀 수 있고 쓸 수 있다면, 1학년 수학 교육과정을 다 마친 게 된다. 부모가 보기에는 정말 애들 장난같이 쉬워 보이는 문제들이 많지만, 수학이라는 낯선 학문에 첫발을 내딛는 우리 아이들에게는 1학년 2학기에 배우는 세 수의 덧셈(예: 9+2+5)은 성인들이 체감하는 미적분 수준의 문제가 될 수 있다.

그래서 1학년 아이들을 가르치면서 유의해야 할 것은, 성인인 우리에게 식은 죽 먹기 같은 문제 풀이도 우리 아이에게는 매우 어려운 문제가 될 수 있다는 것을 항상 인지하는 것이다. '이 정도야 쉽게 풀겠지. 우리 아이가 얼마나 영리한데'라고 생각하다가 우리 아이가 진짜 쉬운 문제를 못 푸는 것을 보면 속에서 열불(?)이 나기 십상인 시기가 바로 이때이다. 괜히 자녀를 향해 큰 소리를 지르거나 자녀를 나무라는 말을 하게 되는 등 학부모로서 본의 아닌 좌절(?)을 경험하기도 하는 시기이니 주의해야 한다. 그리고 명심하자. 1학년 수학 공부는 자녀가 수학이라는 학문에 관심을 갖게 하는 것이 중요한 학년이다. 자녀가 일상생활의 여러 현상이 수학과 밀접한 관련이 있다는 것을 깨닫고, 수학에 재미를 느낀다면 1학년 수학 학습은 성공한 것이다.

이번에는 1학년 자녀의 수학 학습을 도와주기 위해서 어떤 수학 티칭 전략들을 쓸 수 있을지 함께 알아보자.

〈1학년 수학 지도 팁〉

1. 수 모형, 바둑알, 공기알 등을 사용해 가르치기

초등학교 1학년은 아직 논리적·추상적 사고를 할 수 없는 나이다. 아직 눈에 안 보이는 추상적인 수학적 개념들을 머리로만 배우기에는 인지능력이 다 자라지 않았다. 그래서 1학년 수학은 눈에 보이는 구체물들을 사용해 문제를 풀어주는 것이 가장 효과적이다. 이에 따라 1학년 수학 교과서에는 수모형, 바둑알, 공기알 등의 손가락 마디만 한 물건들을 하나, 둘 세어가면서 가르치는 장면들이 많이 나온다.(아래 자료 사진 참고)

이 구체물들은 가정에서도 보관이 용이하고 실제로 물체가 더해지고 빠지는 과정을 눈으로 보고 이해하기 쉽도록 도와주기 때문에 활용하기가 매우 좋다. 특히, 수 모형 중에서 십 모형(숫자 10을 나타냄), 백 모형(숫자 100을 나타냄)이 있으면 두 자릿수, 세 자릿수를 배울 때 덧셈 받아 올림의 개념을 아이들이 구체적인 조작을 통해 더 쉽게 이해할 수 있게 된다.

10개씩 묶음 5개를 오십 이라고 합니다.

저학년 아이들은 십 모형을 사용해 눈으로 보며 구체적으로
50의 개념을 배울 수 있다.

2. 수학 놀이를 통해 연습하기

5+3과 같은 단순한 덧셈, 뺄셈의 계산 연습은 게임을 통해 연습하면 훨씬 재밌게 학습할 수 있다. 집에서 쉽게 만들 수 있는 수 카드나 바둑알과 같은 도구를 활용한 게임들은, 어렵지 않으면서도 연산 연습을 하게 되는 좋은 활동들이므로 적절히 활용해 보자.

*아래 수학 놀이들은 「이야기와 놀이가 있는 수학 시간」(교육공동체벗/ 조성실 저 2014)의 내용을 참고하였다.

〈수 카드놀이〉

"더해도 좋아, 빼도 좋아"

• 방법: 1부터 9까지 숫자가 적힌 카드들을 바닥에 나열한 뒤 두 장을 뽑아서 더하거나 뺀 수를 5초 안에 말해보는 게임이다. 이때, 답을 맞히는 시간은 10초, 15초 등 아이의 수준에 맞추어 재며, 답을 10개 이상 맞추면 맛있는 과자 한 조각을 입에 넣어준다.

〈바둑알 게임〉

"몇 개일까?"

• 방법: 바둑알을 흔들다가 양손에 나누어 쥐고 자녀에게 바둑알이 보이지 않게 주먹을 쥔다. 그리고 한 쪽 손에 든 바둑알을 보여준 다음, 다음과 같이 질문한다. "여기 이 손에 바둑알이 3개 있지? 지금 엄마는 총 9개의 바둑알을 쥐고 있는데, 그럼 반대 손에는 몇 개 바둑알이 있을까요?" 이렇게 한 자릿수 뺄셈 연습을 할 수 있다.

〈주사위 게임〉

"9가 되어라, 얍!"

• 방법: 부모가 2에서 12까지의 숫자 가운데 한 가지 수를 정해준다. 자녀가 주사위 2개를 동시에 굴려 두 주사위 눈의 합이 부모가 제시한 수와 같으면 과자 한 조각을 선물로 준다.

〈가위 바위 보 게임〉

"영차영차 아홉 개를 모으자"

• 방법: 부모와 자녀가 함께 가위 바위 보를 한다. 가위로 이기면 바

둑알 3개를, 바위로 이기면 2개를, 보로 이기면 1개를 갖는데 총 9개를
딱 맞추어 모으는 사람이 승리하는 게임이다.

3. 스토리텔링 수학

아이들은 스토리를 너무 좋아한다. 나도 학교에서 스토리텔링을 일
단 시작하면 그 결말이 어떻게 끝날지 아이들 모두 너무 궁금해하며
눈을 말똥말똥 뜨고 집중한다. 수학도 스토리를 통해 배울 수 있는데,
아이들이 현실 속에서 있을 법한 이야기를 통해 수학을 배우면 재미와
함께 현실 속에 수학이 어떻게 쓰이는지도 함께 알 수 있어서 매주 좋
은 학습 방법이다.

아래의 예시 스토리를 참고해 보자.

📖 오늘은 동물 마을 이야기를 해 줄게. 동물 마을에 깡충이라는 토끼가
살았어. 깡충이 토끼는 엄마 심부름으로 슈퍼에 가는 것을 좋아했어. 슈퍼에 있
는 여러 가지 물건을 구경하는 게 너무 재미있었거든. 그날도 엄마가 심부름을
시키셨어.
"전 슈퍼에 심부름 가는 것이 좋아요. 와! 신난다. 또 슈퍼 구경을 하겠네."
깡충이 토끼는 물건을 사러 슈퍼에 갔어. 맛있는 당근, 무, 고구마, 밤, 도토리,
떡갈나무잎, 신발, 양말…. 없는 것이 없었지. 슈퍼에 있는 음식과 물건을 구경
하다 보면 심부름해야 한다는 사실도 잊어버리기 십상이었지.
'재미있다, 재미있어. 아 참, 엄마 심부름을 빨리해야지.'
오늘도 구경하다 또 늦었어. 빨리 야채 있는 곳에 가서 당근 두 개와 사과 세
개를 골랐어(이때, 2와 3을 노트에 적는다). 동물 슈퍼마켓에서는 당근 하나를 사면

구슬을 하나, 두 개를 사면 구슬을 두 개 내야 해. 사과도 마찬가지고. 깡총이 토끼는 계산하려고 줄을 섰어. 슈퍼마켓 계산대에는 언제나 사람들이, 아니 동물들이 많아.

'휴! 줄이 길기도 하다. 얼마나 기다려야 내 차례가 될까?'

깡총이 토끼는 줄을 서서 구슬을 몇 개를 내야 하나 계산해 보았어.

깡총이 토끼는 구슬을 몇 개 내야 할까?

● 자녀: 다섯 개요.

▲ 부모: 어떻게 알았어?

● 자녀: 당근이 두 개니까 구슬 두 개, 사과가 세 개니까 구슬 세 개, 합해서 다섯 개가 되잖아요.

▲ 부모: 잘하네. 맞았어. 드디어 깡총이 토끼 차례가 되어 구슬 다섯 개를 냈지. 그러고는 계산대에 있는 성실이 토끼한테 무엇을 받았어. 무엇을 받았을까요?

● 자녀: 당근이요. 사과요.

▲ 부모: 맞아, 당근 두 개 하고 사과 세 개를 받았어. 또 무엇을 받았을까?

● 자녀: 영수증이요.

▲ 부모: 맞았어. 깡총이 토끼는 성실이 토끼에게 이걸 받았어. 무엇이냐면? (놀란 표정을 하며 덧셈식을 우리말로 쓴 긴 종이를 보여 준다) 짠, 바로 이거예요, 영수증.

영수증: [2와 3을 더하면 5가 됩니다]

이런 식으로 스토리를 만들어 수학을 배우면, 자녀들은 부모의 재미난 입담과 함께 해당 이야기를 기억하며 배운 수학 개념을 현실 속에 적용하는 경험을 하게 된다.

시간이 걸리는 일이기 때문에 모든 문제를 스토리 문제로 만들 수는 없겠지만, 하루에 한두 문제의 스토리 문제들을 내주면 자녀의 수학 학습의 흥미와 응용력이 높아질 테니 한 번 시도해 보는 것을 추천한다. 처음에는 스토리 만들기가 어려울 수 있지만, 자꾸 반복해서 만들다 보면 스토리 만드는 스킬이 늘어나는 자신을 발견하게 될 것이다.

4. 처음 보는 문제는 틀릴 수 있다는 것을 자연스럽게 여기기

학교에서 쓰는 웃픈 말 중에 "수포자"라는 말이 있다. 우리나라에서는 초등학생 때부터 이 단어를 사용하는데 실로 안타까운 일이다(이르면 초3 분수 단원부터, 중학교에선 제곱근이 나올 때, 고등학교에선 함수와 미적분이 나올 때 이 말을 쓴다고 한다). 초등학교에서 수학을 고작 몇 년 했다고 '나는 수포자이다', '난 수학은 안 되나 봐'라고 말한단 말인가? 이들이 수포자라는 단어를 쓰기까지 얼마나 스트레스를 받았을지를 생각하면, 심히 안타까울 따름이다.

나는 학생들이 이런 말을 쓰게 되는 이유가 나 같은 학교 선생님이나 학원 선생님, 학부모들 때문이라고 생각한다. 수학 문제를 잘 풀도록 차근차근히 도와주어야 할 사람들이 "너는 그것도 못 푸냐?", "아, 이건 진짜 너무 쉬운 건데"라는 부정적인 말을 쓰며 자신도 모르게 아이들에게 좌절감을 안겨주는 말을 사용하는 것이 큰 원인 중에 하나라고 본다. 초등학교 1학년은 이제 수학을 시작한 학년이고 학문의 기초를 쌓는 기간이기에, 절대 그런 좌절감을 안겨주는 말을 사용해서는 안 될 것이다.

1%의 수학 영재들을 제외한 대부분의 학생들은 처음 마주하는 수학 문제들을 어떻게 푸는지 모른다. 이 생각을 베이식으로 깔아야 자녀들이 문제를 틀려도 너그러운 마음으로 "괜찮아 다시 해보자", "계속 풀다 보면 잘할 거야"라는 말을 할 수 있다. 그래서 나는 우리 반 학생들에게 처음 풀어보는 수학 문제는 조금 과장해서 무조건 틀리는 게 자연스럽다고 얘기한다. 처음에는 틀려도 괜찮다는 용기를 주기 위해서이다. 그리고 자꾸 틀려보다가 반복 연습을 통해 결국 나중에는 안 틀리게 되는 것이 우리나라 수학이라고도 말해준다. 나도 그렇지만 당신도 그런 학습 경험을 많이 하지 않았는가? 처음에는 어떻게 푸는지 몰랐던 수학 문제들도 반복해 풀다 보면 나중에는 "아~ 이 문제 이렇게 푸는 거였지?"라며 오히려 해당 문제를 반가워했던 그 경험 말이다. 마치 처음에는 구구단을 못 세고 자꾸 틀리던 아이들이, 날마다 반복 외우기 연습을 하게 되면 어느새 기계처럼 술술 암송하게 되는 것과 같다.

그러니 아이가 문제를 틀리면 틀린 문제를 다음날이나 이틀 뒤에 또 풀도록 해보자. 그럼 어떤 문제는 다음날 또 틀리는 경우가 있지만, 삼 일 뒤, 사 일 뒤 계속 풀게 하면 더는 안 틀린다. 반복 연습을 통해 해당 수학 문제 유형은 자기 것이 된 것이다.

5. 문제 풀이 성공 경험을 늘려나가며 자기효능감 키워주기

초등학교 1학년은 수학 문제로 가득한 교과서와 문제집을 난생처음으로 마주하게 되는 학년이다. 많고 다양한 수학 문제들을 풀다 보면 틀리는 것이 당연한데, 계속 틀리다 보면 "나는 공부를 못하는 아이인가 봐"라는 학습 전반에 관한 *자기효능감(Self-efficacy)을 떨어뜨릴 수 있다.

하지만 1학년 학생들에게는 어느 때보다 수학에 자신감을 불어넣어 주는 것이 중요하다. 그래서 너무 어려운 수학 문제에 성급히 도전하기보다는 쉬운 문제부터 시작해 성공적으로 수학 문제를 풀어보는 긍정적인 경험을 많이 하는 것이 중요하다. 다른 아이들이 푸는 문제집이 중급이나 고급, 응용 레벨인지는 전혀 비교할 필요가 없다. 자기 자녀의 수학 수준이 초급이라면 초급 문제부터 많이 풀기 시작하는 것이 제일 좋은 것이다.

이렇게 수준에 맞는 수학 문제를 풀게 되면 수학 문제를 풀면서 칭찬할 거리가 많이 생기게 되고, 칭찬받은 아이는 자기효능감이 커지고 성취감을 얻기 때문에 수학 문제 푸는 일을 계속하고 싶어 하게 된다. 이렇게 수학 문제 풀이의 성공 경험을 통해 우리 아이 수학 공부의 자기효능감을 높여주도록 하자.

6. 선행학습에 욕심부리지 않기

1학년 학부모들이 유의해야 할 것 중의 하나는, 상대적으로 1학년 수학이 쉬우므로 쉬운 1학년 공부는 성급히 빨리 마치고 2·3학년 선행학습으로 급히 넘어가는 일이다.

---

* 특정한 문제를 스스로 해결할 수 있다는 자기 자신에 대한 신념이나 기대감

분명히 해둘 것은 선행 학습을 하는 것이 나쁜 것은 아니다. 하지만 선행 학습이 문제가 될 때가 있다. 바로 해당 학년에 배워야 할 개념들을 충분히 생각해 보는 과정을 거치지 않고, 선행학습의 진도 빼는 것에 급급해져 기계처럼 문제 푸는 방법만 속성으로 익히고 넘어가는 것이다. 정승제, 조정식 같은 학원계의 일타 강사들은 진심으로 아래와 같이 경고하고 있다.

"제가 만나본 많은 아이들이 그렇게 욕심내어 선행 학습을 하다가 고2 때 다시 중2 학년 개념을, 고1 때 다시 중1 학년 개념을 배우는 것을 정말 많이 봤어요."

그들은 그럴 바에야 차라리 선행학습하지 말고 해당 학년에 나오는 개념들만이라도 제대로 배우고 넘어가는 것이 훨씬 좋은 방법이라 충고한다.

초등 1학년은 아직 학부모가 자기 자녀의 학습 능력에 대한 환상 아닌 환상(?)을 가지고 있는 때이다. "아니 벌써 2, 3학년 때나 배워야 하는 도형 개념을 알고 있단 말이야?", "우리 아이 더 시켜도 되겠네?"라고 생각하면서 조금 더 시켜볼까, 2학년 학습지를 미리 끊어볼까, 그룹 과외를 해볼까 하며 욕심을 부리기 쉽다.

아직 자녀가 1학년이고 학부모들이 의욕적으로 자녀에게 학습시키는 시기라 그럴 수 있다고 생각한다. 하지만 이때는 많은 양의 개념을 동시에 집어넣기보다는 수학의 기초를 잡아주고 수학에 자신감을 키워주는 것이 더 중요하기 때문에 너무 무리한 선행학습은 독이 될 수 있다. 오히려 오늘 학교에서 배운 내용은 시중 문제집이나 온라인 학습 도구를 통해 당일 복습을 해보고, 더 할 수 있는 여력이 있는 아이들만 관련 심화 문제들을 꾸준히 풀어보는 것이 훨씬 더 좋은 방법이라 추천한다. 많은 교육 전문가들이 예습보다는 복습을 추천하는 것도 그러한 맥락이다.

7. 학습 지도 시 올바른 칭찬법

재능 칭찬이나 결과 평가가 아닌, 성취기반 평가와 과정 평가를 하기

학습과 관련한 칭찬을 할 때 아이의 타고난 재능이나 결과를 두고 칭찬하기보다는, 성취한 사실과 노력한 과정을 칭찬하는 것이 좋다. 예를 들어, 우리 아이가 수학 95점을 받아왔다고 치자. 이때 어떤 학부모들은 아이에게 자신감을 심어줄 의도로 조금 과장하여 "와, 너 수학에 진짜 재능이 있나 봐", "혹시 너 수학 천재 아니니?"라고 칭찬을 하는 경우가 있다.

그런데 이런 아이의 "재능"을 향한 칭찬은 우리 아이를 굉장히 부담스럽게(?)하는 칭찬이다. 학생이 생각하기에 그렇게까지 수학에 재능이 있다고 생각한 적이 없었는데 부모님이 그렇게 얘기하니까 다음번에도 그런 얘기를 들어야 할 것 같은 마음에 부담감이 생긴다.

"아, 나는 수학 천재가 아닌데…. 천재라고 해주시니 기분은 좋은데, 앞으로도 천재로 보여야 하나?"라는 부담감을 갖게 되는 것이다. 진짜 우리 아이가 수학 영재였다면 그런 칭찬이 상관없겠지만, 우리 아이들 대부분은 평범한 아이들이지 않은가. 이렇게 우리 아이에게 자신감을 심어주려던 칭찬이 오히려 부담감을 안겨주는 말이 될 수 있으니, 재능에 초점이 맞춰진 칭찬은 유의해서 해야 한다. 오히려 이때는 "그동안 부족한 수학 공부를 열심히 보충하더니 결국 해냈구나. 축하해"라며 노력한 과정과 성취 결과를 함께 언급해 주는 것이 좋다.

학부모들이 자녀가 받아온 점수를 평가하며 실수하는 것 중에 또 다른 하나는, 지나친 결과 위주의 평가를 하는 것이다.

"수학 80점 받았네? 이게 뭐니 90점도 아니고. 하나만 더 틀렸으면 70점대였겠네. 다음번에는 더 높은 점수를 받도록 노력해 보자."

"이번에 수학 75점을 받았더라? 너무 많이 틀린 거 아니니? 노력은 엄청하던데…. 결과가 너무 아쉽구나."

우리 아이가 자신이 생각했던 것보다 낮은 점수를 받아왔을 때 당신은 어떻게 반응하는가? 물론 공부를 열심히 안 하고 땡까땡까 놀면서 낮은 점수를 받아왔을 때는 우리 아이에게 자극을 주기 위해 훈계 아닌 훈계를 할 수 있다. 하지만 아이가 정말 열심히 했는데도 80점이 나왔고 그것이 목표했던 높은 점수가 아니라면 어떻게 피드백을 주어야 할지 부모로서 고민해봐야 한다.

이때 무턱대고 수학 점수로만 자녀를 평가해서는 안 된다. 특히 열심히 연습하고 준비했는데도 불구하고 낮은 점수가 나왔을 때는 우리 아이를 결과로 평가할 때가 아니라 격려를 해줘야 하는 때임을 분명히 알아야 한다. 비록 100점은 아니지만 80점, 75점을 받기까지 노력한 자녀의 학습 과정에 대한 수고를 인정해 주어야 하는 것이다. 그럴 때 우리 아이는 다시 재도전해 보고자 하는 동력을 부모로부터 얻게 된다.

'이번엔 목표한 만큼 잘 나오질 않았지만, 부모님이 저렇게 격려해 주시는데… 다음번에 한 번 더 노력해 보자'라는 다짐을 하도록, '결과는 잘 안 나왔지만, 우리 엄마는 내가 수고한 것을 인정해 주시는구나. 다음번에는 더 열심히 해 결과물을 더 좋게 만들어 보자'라고 자녀가 각오를 다지도록 돕는 것이 중요하다.

그래서 다음번에는 이렇게 칭찬을 한번 해보는 것은 어떨까 제안한다.

"수학 80점을 받았구나. 엄마는 네가 이 시험을 준비하기 위해 얼마나 노력했는지 알아. 목표는 90점 이상을 받고 싶어 했겠지만 80점을 받은 것도 알지. 엄마는 80점도 충분히 잘했다고 말해주고 싶구나. 그리고 이번에 80점을 받았으니 다음번 목표 점수는 좀 더 높여서 90점으로 한 번 더 도전해 볼까? 어디서 많이 틀렸는지 체크해 보고 틀린 건 다시 안 틀리도록 점검해 보면, 다음번에는 충분히 원하는 점수를 얻을 수 있을 거야. 시험공부 하느라 정말 수고했어."

8
초등 수학 집에서 가르치기 2탄

초등 2학년 수학지도 팁

1. 만지작만지작 구체적인 조작을 통한 수학 학습하기

초등 2학년 학생들은 확실히 1학년 때보다 말귀를 더 잘 알아듣고 부모와 대화도 더 잘 통한다. 하지만, 수학 교과를 깊이 있게 학습하기에는 논리적 사고력이 아직 부족한 나이이다. 그래서 2학년 수학은 1학년 때와 마찬가지로 구체물을 가지고 직접 만져보고 하나하나 세어가며 학습하도록 권장하고 있다. 1학년 때 쓰던 수 모형, 바둑알 등을 계속해서 사용하되, 수 모형의 경우 1학년 때는 일 모형, 십 모형을 주로 썼다면 2학년 때는 백 모형, 천 모형으로 자릿수가 하나씩 더 늘어난 것을 사용해 세 자릿수, 네 자릿수 계산을 학습하면 된다.

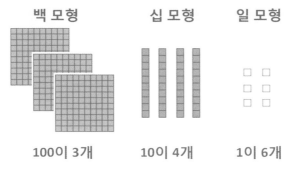

백 모형	십 모형	일 모형
100이 3개	10이 4개	1이 6개

수 모형을 활용한 세 자릿수 배우기

2. 2학년 수학의 꽃! 구구단의 시작

　학부모들이 알아야 할 2학년 수학 학습의 꽃은 단연 곱셈과 구구단이다. 2학년 때 배운 곱셈의 개념과 암기한 구구단은 일평생 사용되는 삶의 도구가 되므로 잘 익혀둘 필요가 있다. 2학년 학생들은 1학기에 곱셈을 배울 때 "4의 3배는 12"라는 표현에서 "몇 배"라는 개념을 처음 접하게 된다. 이 "몇 배"의 개념을 배울 때 기존의 익숙한 개념인 "묶음"이라는 표현을 사용해 배우는데, 이때 몇 배의 "배"와 "묶음"을 같은 의미로 나타낸다. 예를 들어, 아래 그림과 같이 "4씩 3묶음은 4의 3배로 표현한다"와 같이 배운다.

바람개비의 개수를 아래와 같이 표현할 수 있어요

4씩 3묶음 ➡ 4의 3배

2학년 1학기에는 곱셈에서 묶음과 배의 개념을 배운다.

우리가 아는 구구단은 "곱셈구구"라는 이름으로 2학년 2학기에 처음 소개된다. 하지만, 2학년 1학기에 이미 곱셈이란 개념이 소개되기 때문에 어떤 선생님들은 담임 교사의 재량으로 곱셈구구를 1학기부터 함께 가르치며 수학 시간마다 암기하게 한다. 이렇듯 곱셈구구를 완전히 떼는 것은 2학년이 끝나기 전이면 충분하니 1년이라는 충분한 시간을 가지고 가르치면 되겠다.

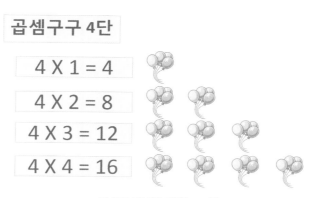

곱셈구구 4단

4 X 1 = 4
4 X 2 = 8
4 X 3 = 12
4 X 4 = 16

곱셈의 개념을 배우는 그림

3. 곱셈구구(구구단) 놀이

곱셈구구(구구단)도 놀이를 통해 배우면 즐겁게 배울 수 있다. 아래 곱셈구구를 연습할 수 있는 게임을 소개해 드리니 활용해 보시길 바란다.

〈바둑알 놀이〉

"가위바위보, 다섯 개씩 가져가기"

① 부모가 한편, 아이들이 한편이 된다.

② 아이들이 순서대로 한 명씩 대표가 되어 부모와 가위바위보를 한다.

③ 이기는 편이 바둑알 5개를 가져간다. 45개(곱셈구구 5단의 마지막 수)를 먼저 얻는 편이 이긴다.

④ 놀이를 하는 동안 부모는 "다섯 개씩 네 묶음은 스무 개", "한 번만 더 이기면 스물다섯 개" 등의 말을 계속 던진다. 놀이가 끝나면 한 번에 가져가는 개수와 이기는 개수를 다르게 하여 다른 곱셈구구를 연습하게 한다.

⑤ 바둑알 대신 산가지로 할 때에는 한 번에 가져가는 개수에 따라 모양을 만들면서 하면 더 재미있다. 3개씩 가져갈 때는 삼각형, 4개씩 가져갈 때는 사각형, 5개씩 가져갈 때는 오각형, 6개씩 가져갈 때는 별 모양을 만들면서 놀이할 수 있다.

〈주사위 놀이〉

"깡총깡총 뛰어서 가자"

① 칸이 있는 받아쓰기 종이 같은 판과 말을 2개 이상 준비한다.(말은

바둑알도 가능함)

② 0에서 시작해서 부모와 자녀가 순서대로 주사위를 던져 말을 옮기다가 미리 정한 숫자에 도착하는 사람이 이긴다.

③ 예를 들어, 먼저 '두 칸씩 가기' 놀이를 한다. 두 칸씩 가기란 주사위를 굴려서 나온 숫자 만큼 말을 움직이되 두 칸씩 이동하는 것을 말한다.(6이 나오면 두 칸씩 여섯 번을 가서 12에 도착한다)

④ 이때 예를 들어 20에 딱 맞게 도착하는 사람이 이기는데 20을 넘기는 수가 나오면 말을 움직일 수 없다.(말이 17에 있을 때 4가 나오면 20이 넘기 때문에 다음 사람에게 기회를 넘기며 3이 나올 때까지 이길 수 없다)

⑤ 경우에 따라 세 칸씩 가기, 네 칸씩 가기를 해보며 곱셈구구를 익힌다.

〈숫자 카드 놀이〉

"뒤집어서 맞추기"

① 1-9까지 숫자가 적힌 카드를 숫자당 2개씩 준비한다.(총 18장)

② 한 사람이 두 장의 카드를 뒤집어서 5초 안에 답변해본다.

③ 카드를 뒤집어 맞추면 해당 카드를 가져간다.

④ 카드의 개수가 많은 사람이 승리한다.

〈빙고 게임〉

"맞았다 빙고!"

① 빙고판을 만들어 아이들에게 나눠준다.(예: 4X4, 5X5)

② 사회자(부모)가 빙고판 칸 수에(예: 16개)로 맞게 곱셈식 퀴즈를 내고 아이들은 답을 빙고판에 적절하게 적는다.

③ 빙고판에 빈칸이 없도록 모두 채우고 나면 사회자는 이전에 냈던 곱셈식 퀴즈의 정답을 순서대로 다시 불러주고 아이들은 해당 정답을 적은 칸에 동그라미를 친다.

④ 동그라미 친 칸이 가로나 세로, 대각선으로 2줄 이상을 이루면 "빙고" 하고 외치는 사람이 승리한다.

4. 곱셈을 그림으로 표현해 보기

위 그림 자료들을 살펴보면 곱셈식을 설명하기 위해 바람개비, 풍선 묶음 등의 알록달록 그림으로 표현된 것을 볼 수 있다. 자녀에게 설명할 때는 저렇게 예쁘고 디테일하게 그릴 필요는 없겠지만, 간단한 곱셈식이라도 묶음을 동그라미와 같은 간단한 그림으로 표현해주면 자녀가 설명을 훨씬 쉽게 알아듣는다.

그림으로 수학을 가르치는 방법은 가정에서 수학을 가르칠 때 아주 기본이 되는 방법이니 그림 실력이 필자처럼 떨어지는 분들이라도 동그라미, 네모와 같은 쉬운 그림을 사용하여 수학 개념을 설명해 보시길 추천한다.

5. 연산 연습 무한 반복하기

2학년 때는 본격적인 연산 연습을 자녀에게 시켜야 할 때인데, 여기서 연산 연습이란 31-22와 같은 단순한 연산 문제를 빠르고 정확하게 푸는 연습을 하는 것을 의미한다. 이 연산 연습은 학교 수학 수업의 진도를 따라가는 것과는 별도로 연습해야 하는 영역인데, 정해진 시간 안에 시험을 봐야 하는 한국 수학 시험의 특성상, 수학 문제를 더 빠르면서도 정확하게 푸는 연습이 학생들에게 필요하기 때문이다. 교사로서의 경험상 학교에서는 수학 진도를 나가느라 연산 연습을 별도로 자주 할 수 없다. 그래서 연산 연습은 학교에서 연습하는 것만으로는 확실히 부족하다고 말씀드릴 수 있다.

자녀에게 연산 연습이 부족하면 어떤 일이 발생할 수 있을까? 나는 적지 않은 학생이 수학 문제를 이해는 했지만, 연산 속도가 너무 느려 정해진 시간 안에 문제를 다 못 푸는 경우를 많이 보았다. 또 어떤 학생은 문제를 어떻게 푸는지 아는 데도, 중간에 연산 실수를 반복해 불필요하게 쉬운 문제들을 많이 틀려 상대적으로 수학 점수가 낮은 학생도 있었다. 이런 현상들은 모두 연산 연습이 부족한 아이들에게 많이 나타나는 현상이다.

수학 개념들을 잘 이해하는 것과는 별개로, 비슷한 연산 문제들을 빨리 푸는 것은 결국 훈련을 통해 습득되는 것이다. 마치 운전자가 자주 다니는 길은 네비게이션을 켜지 않고도 물 흐르듯 쉽게 갈 수 있는 것과 같이, 연산 문제도 자꾸 풀어봐야 쉽고 빠르게, 정확하게 풀 수 있게 된다.

예컨대, 두 자릿수의 뺄셈과 같은 연산 문제 풀이는 연산 훈련이 잘된 고학년 학생들이 보기에는 엄청 쉬운 것 같지만, 초등 2학년 학생들에게는 여러 가지 프로세스를 거쳐 풀어내야 하는 복잡한 과정이다. 예를 들어, 아래 그림 자료의 "받아내림이 있는 두 자릿수 – 두 자릿수 뺄셈"을 할 때, 다음과 같은 계산 과정이 순서대로 정확하게 진행되어야 한다.

① 일의 자릿수부터 빼보기

② 일의 자릿수 뺄셈이 안 될 경우, 십의 자리 숫자에서 1을 빼고 일의 자리에 10을 더해주기(받아내림)

③ 10이 더해진 두 자릿수 숫자 − 한 자릿수 뺄셈하기

④ 십의 자릿수 − 십의 자릿수 빼기

받아내림이 있는 두 자릿수 − 두 자릿수 뺄셈은 이 중에 한 단계라도 오류가 발생하면 오답이 되므로 위의 네 단계의 과정을 모두 정확하고도 빠르게 푸는 연습을 계속해 주어야 한다. 그래야 뺄셈 기초 실력이 탄탄해진다. 처음에는 속도가 엄청 느리던 아이들도 연산 연습을 꾸준히 한 뒤에는 머리로 암산까지 되는 기특한(?) 모습을 보여줄 테니 시간을 꾸준히 정해 연산 연습을 하도록 하자. 수학의 기본은 연산이다.

받아내림이 있는
두 자릿수 - 두 자릿수 뺄셈

$$\begin{array}{r} {\scriptstyle 8\ 10}\\ \not{9}\,2 \\ -\ 4\,8 \\ \hline 4\,4 \end{array} \qquad \begin{array}{r} {\scriptstyle 6\ 10}\\ \not{7}\,3 \\ -\ 1\,9 \\ \hline 5\,4 \end{array}$$

받아내림이 있는 두 자릿수 − 두 자릿수

6. 시각과 시간! – 시계를 볼 수 있는 나이는 2학년 2학기부터

이제 초등학교 1학년이 된 자녀에게 "지금 몇 시야?"라고 물어본 기억이 다들 있으실 것이다. 그때 대부분의 학부모는 이런 대답을 들었을 수 있다. "어…. 긴 바늘은 10을 가리키고…. 짧은 바늘은 11 하고 12 사이에 있어 엄마!" 2학년이 됐는데 우리 아이가 이렇게 대답했어도 전혀 당황할 필요 없다. 학교에서 시계를 보는 방법을 알려주는 때는 바로 2학년 2학기부터이니까 말이다. 2학년 2학기가 지났는데도 시간을 읽지 못한다면 학교에서 제대로 안 배운 것이니 꼭 시간 읽는 법을 복습시키시면 좋겠다. 예컨대, 2시 10분 전을 정확히 몇 시인지 말하는 것은 60분에서 10분을 빼야 하는 두 자릿수 뺄셈의 계산이 필요하여서 연습이 필요한 부분이다.

시계가 나타내는 시각을 읽어보기

받아내림이 있는 두 자릿수 – 두 자릿수

시간뿐만 아니라 오늘이 무슨 요일인지, 오늘이 몇 월 며칠인지, 10월은 며칠로 구성되어 있는지 배우는 시기가 바로 2학년 2학기이다.

그러니 2학년 2학기 전까지는 날짜에 대한 개념이 없더라도 자녀들을 좀 용서해 주시길 바란다.

7. 길이(cm, m) 배우기

2학년 1학기에는 주변에 작은 사물들의 길이를 자로 재보며 cm를 배우고, 2학년 2학기에는 줄 자도 사용해 보면서 좀 더 큰 단위인 m를 배우게 된다. 따라서, 집에 있는 책상이나 의자, 박스 같은 물품을 보면서 대략적으로 몇 cm, m가 될지 어림해 보는 활동은 학교에서 배운 것을 복습해 볼 수 있는 좋은 수학적 활동이 된다. 또는, 학교에 운동장 가로의 길이가 보통 50m~100m이므로 자녀와 함께 등하굣길을 걸어보며 "운동장의 가로 길이가 50m 정도 되는 거야"라고 알려주며 대략적으로 길이를 어림해 볼 수 있는 안목을 키워주는 것도 좋은 수학적 활동이 되겠다.

9

선생님께 예쁨 받는 아이들?

선생님들이 예뻐하는 아이들이 따로 있을까?

대답은 Yes이다. 나뿐만 아니라 다른 동료 선생님들과의 교류를 통해 확실히 말할 수 있는 것은 선생님들도 사람이기 때문에 참 '예쁘다'라고 생각하는 학생들이 있다는 점이다. 오해해서는 안 되는 게 여기서 '예쁘다'라는 말은 외모를 뜻하는 것이 아니라 아이의 행동 특성이나 성품을 뜻한다.

"아니 선생님들이 학생들을 차별한다는 말씀이세요?"

오해하지 말라. 보통의 선생님들은 기본적으로 자신이 가르치는 모든 학생들을 향한 애정이 있다. 아이들을 최대한 공평하고 차별 없이 대하려고 애를 쓴다. 발표 기회도 공평하게, 활동 기회도 공평하게, 모든 학교 내의 생활 속에서 학생들이 공평한 대우를 받을 수 있도록 하는 것이 모든 선생님들의 기본적인 방침이다.

그래서 아무리 예쁜 아이가 있어도 '얘는 더 잘해줘야지'라고 특별 대우하지 않는다. 아니 특별히 대우할 것도 없다. 만약 특별 대우를 받는다면 그 아이는 자기 반에서 다른 친구들의 시기의 대상이 될 수 있기 때문이다. 그러니까 선생님이 더 예뻐하는 아이가 있다는 것은 마음속으로 그렇게 생각한다는 것이지 누구를 차별한다거나 불공평하게 대한다는 의미가 아님을 아시면 좋겠다.

내가 선생님들이 예뻐하는 학생이 있다는 사실을 나누고 싶은 이유는, 학교와 교실이라는 세상 속에서 우리 크리스천 자녀들이 빛과 소금의 역할을 감당하는 자녀가 되기 위해 교실 안 최종 권위자인 선생님의 관점을 알려주고 싶기 때문이다.

선생님은 가르치는 사람이지만 교실 안에 여러 가지 상황들을 관리하며 학생들의 전반적인 학교생활을 책임지는 권위자이기도 하다. 매일 수많은 학생을 상대하며 그들 안에 갈등 관계를 조정하는 역할을 하게 되기도 하고(변호사나 판사 역할), 나쁜 행동은 벌을 주며(경찰관의 역할), 때로는 학생들을 상담하게 된다(상담가의 역할). 이렇게 여러 역할을 감당하며 권위자로서 다양한 학생들을 만나게 되니 학생이라는 '사람'에 대해 너무나도 잘 알게 된다. 그들의 다양한 행동들을 보게 되고, 학생들의 성격과 장단점들을 모두 파악하게 된다. 그러면서 학생들의 재능과 기질에 상관없이 어떤 학생을 볼 때 '참 착실하고 예쁜 학생이구나'라는 생각을 가질 때가 있다.

그럼 선생님들이 보기에 어떤 학생들이 예쁠까?
외모가 단정한 학생일까?

숙제를 잘해오는 학생일까?

아니다. 선생님들이 보기에 예쁜 학생은 바로 선생님의 권위를 존중하는 학생이다. 이것을 성경에서도 설명해 주고 있는데 바로 아래 구절이 그 내용이다.

"각 사람은 위에 있는 권세들에게 복종하라.

권세는 하나님으로부터 나지 않음이 없나니

모든 권세는 다 하나님께서 정하신 바라.

그러므로 권세를 거스르는 자는 하나님의 명을 거스름이니

거스르는 자들은 심판을 자취하리라.

다스리는 자들은 선한 일에 대하여 두려움이 되지 않고

악한 일에 대하여 되나니 네가 권세를 두려워하지 아니하려느냐

선을 행하라 그리하면 그에게 칭찬을 받으리라"(로마서 13:1-3 개역개정)

성경은 죄를 짓게 하는 것이 아니라면 세상에서 만들어진 모든 제도와 권세에 복종하라고 가르친다. 위 성경 구절을 학생의 입장에 적용하면, 선생님의 권위를 존중한다는 것은 결국 학교라는 학생이 속한 사회 속에서 하나님이 세우신 권위자를 존중한다는 말이 된다. 성경은 그러한 권세들에게 복종해야 하는데 복종하지 않을 경우 심판을 자취하게 되고, 반대로 선을 행하면 그에게 칭찬도 받을 수 있다고 한다. 이 성경 말씀을 현실로 날마다 볼 수 있는 곳이 바로 학교이다. 학교 내의 질서를 어기고 친구들과 싸우며, 욕을 하며 수업을 방해하고 선생님의 생활지도를 받지 않는 학생은 결국 어떠한 형태로든지 심판(벌)을 받게된다. 반대로, 타인에게 귀감이 될만한 행동을 하거나 남을 배려하고

착한 일을 한 학생에게는 칭찬과 상으로 그 보답이 돌아온다.

선생님들은 학생이 자신의 권위를 존중하는지 아닌지를 조금만 대화하면 금세 알아챈다.

'선생이 무슨 대수냐. 나는 내 뜻대로 지내련다.'

'나는 권위 같은 거 필요 없어. 내 의견이 최고지.'

이렇게 생각하는 소위 까진(?) 학생들도 금방 알아챈다.

이런 학생들이 권위를 존중하지 않는 것이 꼭 학생들의 잘못만은 아니다. 이 학생들은 가정 속에서 부모라는 권위의 보호를 경험하지 못하고, 오히려 부모의 잘못된 권위 사용으로 인해 권위의 상처를 가지고 있는 불쌍한 아이들인 경우가 많다.

한편, 선생님의 권위를 너무 두려워해서 개인적으로 선생님께 가까이 다가가지 않는 학생들도 있다. 이 학생들은 선생님이 무서워 한마디 얘기도 선생님과 잘 나누지 못한다. 이런 학생들은 가정에서 지나치게 권위적인 부모님 밑에서 자란 경우인데, 부모가 강압적으로 아이를 대한다거나 경우에 따라 지나친 폭력을 휘두르기에 부모와 같은 권위자를 매우 두려워한다.

이들은 자기의 할 일을 나름대로 잘하는 모습을 보이기도 하지만, 학교 활동에 자발적이기보다 선생님이 무서워서 참여하는 모습을 보인다. 선생님이 과제 지시를 하면 따르긴 하는데 혼나지 않을 정도로 최소한의 것만 하고 권위 아래서 자신의 잠재력을 계발하지는 못한다. 선생님과의 관계를 인격적인 관계가 아니라 일방적이며 강압적인 관계로 생각하기 때문에 선생님이 자신에게 대화를 통한 개인적인 관계를 맺으려 하면 오히려 불편하게 여긴다.

그럼 권위를 존중하며 권위와의 올바른 관계를 맺을 줄 아는 아이들은 학교에서 어떻게 지낼까?

그런 아이들은 일단 선생님을 존중의 눈빛으로 바라본다. 선생님이 나보다 한 수 위이며 내가 선생님께 무엇인가 배워야 하는 존재라는 것이 행동에서 배어 나온다. 이런 아이들의 특징은 선생님과 마주치면 공손히 인사를 잘하고 선생님이 자신을 향해 말하기 시작하면 눈과 눈을 바라보며 귀를 열고 들을 줄 아는 모습을 보인다. 이러한 태도를 보이니 선생님이 지금 가르치고 강조하고 있는 것이 무엇인지 잘 파악하게 되고, 수업 내용에 대한 이해도 훨씬 잘하게 된다. 학교생활도 자기 멋대로의 기준이 아닌 학교 규칙을 지키며 성실하게 하게 된다.

자녀들에게 권위를 존중하는 태도를 키워주자

그럼 우리 자녀들이 선생님의 권위를 존중하는 태도를 어떻게 키워줄 수 있을까? 아이들에게 가장 중요한 권위 학습터는 바로 가정이다. 가정에서 부모님으로서 선생님을 존중하는 말과 태도를 보여주는 것은 정말 중요하다. 부모가 선생님을 무시하는 말을 하거나 낮추어 보는 태도를 보이면 그 자녀들도 자신도 모르게 그러한 부모의 모습을 학습하게 된다.

"야, 너희 선생님 알림장이 그게 뭐니?"

"너 학교에서 선생님이 그렇게 가르쳐줬어? 선생님이 잘못 가르치시는 것 같네."

선생님도 틀릴 수 있고 실수할 수 있다. 하지만 이렇게 선생님을 깎아내리고 무시하는 듯한 태도는 고스란히 자기 자녀에게 전수되며 권위를 부정하는 것이 될 수 있어서 유의해야 한다.

차라리 선생님이 실수했거나 잘못 가르친 내용이 있다면 "무엇인가 이유가 있을거야", "선생님이 깜빡하셨나보다"라며 선생님의 실수는 인정하되 자녀의 권위자로서 존중해주는 모습을 유지하며 대화하는 것이 지혜로운 대화법이 될 것이다. 그래야만 자녀가 선생님을 권위자로 존중하고 자녀가 권위자로부터 오는 관계의 축복을 받을 수 있다. 이것은 마치 가정에서 남편의 부족한 것들이 많이 보일지라도 가정의 리더이자 자녀들의 권위자인 아빠의 흠을 자녀들 앞에서 드러내놓고 보지 않는 지혜로운 아내의 행동과 같다.

나는 학교 주변에서 우리 반 학부모님들을 마주칠 때면 서로 가벼운 인사와 함께 자녀 생활과 관련해 소식을 주고받곤 한다. 재밌는 것은 지나가며 잠깐 만났지만 나를 존중해주시는 학부모들은 나를 선생님답게 대해주신다는 점이다. 마치 말은 많이 하지 않아도 학부모가 자녀의 선생님을 존중하고 있다는 것이 온몸에서 배어 나오는 것 같다. 이런 학부모의 자녀들은 공부를 잘하건 못하건 상관없이 위에서 말한 것처럼 학교에서 예쁨 받을 가능성이 많은 아이들이라 생각한다. 부모의 권위자를 향한 건강한 태도는 자녀에게 이어질 것이고 자녀들은 학교생활을 두려움이 아닌 칭찬과 보상을 받을 기회로 삼을 것이다.

이 책을 읽고 있는 사랑하는 학부모들이여, 우리 자녀에게 선생님의 권위를 존중하는 법을 가르치도록 하자. 이때 배운 권위를 존중하는 습관과 태도는, 나중에 자녀가 사회에 나가 조직 생활을 할 때에도 빛을 발할 것이다.

10
정부의 AI 디지털 교과서 도입, 괜찮을까?

    2020년에 시작된 코로나19 사태로 인해 우리 사회는 크나큰 변화의 소용돌이를 겪었다. 그 가운데서 가장 큰 변화 중의 하나는 모든 사회 활동이 "언택트(Untact, 접촉하지 않는)"로 이루어지며 사회 전반에서 디지털 기기 활용도가 엄청나게 높아졌다는 점이다. 이러한 언택트 트렌드는 교육계에도 어김없이 찾아왔고, 코로나 사태로 더욱 빠르게 발전된 AI(인공지능)로 인해 학교에도 AI 교육이 필요하다는 교육 현장의 목소리가 높아졌다. 더욱이 2022 개정 교육과정에서는 디지털 기기를 활용한 교육을 강조하기에 AI 디지털 활용 교육의 명분은 충분했다.

    그 결과 교육부에서는 2028년부터 모든 초·중·고교에서 종이 교과서와 함께 AI 디지털 교과서로 영어·수학·사회·과학을 가르치게 될 것을 예고하였다.(처음에는 AI 디지털 교과서가 종이 교과서를 대체할 것이라 했지만, 교사·학부모들의 우려로 종이 교과서와 병행해 쓰기로 하였다) 교육부 설명에 따르면,

2025년에는 초등 3~4학년과 중1, 고1이 각각 수학, 영어 과목에서 AI 디지털 교과서를 먼저 사용하고, 각 학교급에서 매년 한 학년씩 순차적으로 늘어나 2027년에 모든 학생들이 수학과 영어 과목에서 AI 디지털 교과서를 쓰게 한다는 구상이다. 사회, 과학 교과에서 AI 디지털 교과서 사용은 2027년부터 초등학교와 중학교에서 먼저 적용하기 시작해 2028년에는 초·중·고 전 학년에 도입된다.(초 1-2학년은 발달단계를 고려해 제외)

　이 같은 움직임에 대해 한편에서는 AI 디지털 교과서 사용으로 학생 개개인의 학습 데이터가 쌓여 학생 맞춤형 교육이 가능할 것으로 보고 있다. 학교에서 이뤄지는 교사 중심의 수행평가도 수치화된 데이터를 기반으로 객관적으로 이뤄질 수 있을 것이라는 기대감도 있다. 다른 한편으로는, 학생들의 스마트폰 중독 등 디지털 기기에 대한 우려와 함께, 코로나 시국을 통과한 학생들의 학력 저하 현상이 더 심화되는 것이 아니냐는 염려를 낳고 있다. 일각에서는 디지털기기에 남아있는 학생들의 데이터가 악용되어 교육업체들의 상업적 도구로 전락할 가능성까지 제기한다.
　공립학교에 디지털 교과서 도입은 과연 유익한 걸까, 아니면 해로운 걸까?

AI 디지털 교과서 도입의 유익한 점들

　현장에서 대면 수업으로 학생들을 가르치고 있는 교사로서 결론부터 이야기하자면, 어떻게 AI 디지털 교과서를 사용하느냐에 따라 학생들의 학습 효율을 높일 수도, 아니면 반대로 저해할 수도 있다고 본다. 예를 들어, 수학과 같은 과목은 디지털 교과서 사용의 교육적 효과가 큰 과목이다. 학생들이 분수의 덧셈과 뺄셈이라는 내용을 배울 경우, 교사가 먼저 기본 개념과 문제 풀이 방법을 가르친 후, 연습 문제를 AI 디지털 교과서에 나온 문제로 풀어본 뒤, 잘 푸는 학생은 AI가 제공하는 더 심화된 문제를 풀어 볼 수 있다. 반대로, 문제를 많이 틀린 학생은 그 학생 수준에 맞추어 AI가 제공하는 맞춤형 문제를 풀어볼 수 있다. 즉, 학생 수준별 수학 문제를 풀 수 있는 것이다. 게다가, 종이 교과서가 제공하는 연습 문제는 종이라는 한계로 인해 문제의 숫자가 제한적이지만, AI 디지털 교과서는 훨씬 다양한 종류의 수백 가지 연습 문제를 제한 없이 수록할 수 있으니 이점에서 더 유용하다고 할 수 있다.

현재 시중에 나온 사설 교육 업체의 AI 디지털 교과서를 살펴보면 이 상황을 더 현실감 있게 이해할 수 있다. 2024년 5월 동아출판「두클래스」라는 서비스를 개발했는데 AI 디지털 교과서의 핵심인 AI 진단 평가, AI 튜터, AI 보조교사 기능들을 포함했다.「두클래스」를 이용하는 교사와 학생들은 AI 진단을 통해 학습 수준 자동 분석, 학급별·학생별 분석 리포트, 실시간 모니터링 및 AI 그룹별 코칭 서비스를 제공받을 수 있다.

「두클래스」AI 진단이 이루어지는 방식은 간단하다. 먼저 학생이 푼 문제들의 결과를 가지고, 해당 학생의 개념 이해 정도와 취약점을 파악한다. 그 이후, 관련된 선수 개념들을 점검해 개념이 약한 부분의 원인을 찾도록 해준다. 전문가들은 이와 같은 AI 자동 분석 및 실시간 모니터링을 통해 학생 수준별 맞춤 지도가 가능하게 하며, 교사의 학생 수준 분석을 위한 업무 부담과 시간을 전폭 줄일 수 있다고 전망한다. 학생 한 명 한 명의 수준별 교육이 어려운 교실 현장에, 마치 맞춤형 수업 보조교사와 같은 역할을 AI 디지털 교과서가 해주는 건데, 제대로만 활용된다면 학생들의 수학 실력 향상에 큰 도움이 되지 않을까 기대가 된다.

영어 교과에서의 AI 디지털 교과서 활용은 어떨까? 영어 지문에 모르는 단어가 나왔을 때 선생님에게나 영어사전에 물어볼 필요도 없이 디지털 교과서를 통해 단어의 해석과 해당 단어가 쓰인 여러 예시문들을 볼 수 있게 된다. 그리고 해당 단어의 원어민 발음까지도 교실에서 직접 들어볼 수 있게 된다. 다른 것은 몰라도 영어 발음에서는 토종 한국인이 원어민을 이길 수가 없는데, 너무나 효과적인 영어 학습 방법이 아닌가? 수학과 마찬가지로 영어는 학생들의 수준 차이가 큰 교과인데, 학생들이 AI 교과서를 통해 수준별 맞춤 학습이 가능해지므로 교사들의 수업 난이도 조절에도 큰 도움을 줄 수 있을 것으로 기대된다.

2024년에 EBS에서 시범적으로 영어 AI 디지털 교과서를 활용해 본 교사들의 의견을 청취했다. 그들이 뽑은 공통적인 영어 AI 디지털 교과서 활용의 또 다른 장점은, 다른 사람들 앞에서 영어를 말하기 부끄러워하는 학생들의 말하기 연습이 눈에 띄게 향상했다는 점이었다. 소극적인 성격의 학생들이나 다른 친구들 앞에서 발표를 어려워했던 학생들이, 태블릿 PC 앞에서는 자유롭게 영어 말하기 연습을 하더라는 의견이었다. 그런 학생들의 영어 말하기 실력이 전보다 늘어난 것은 두말할 필요도 없었다.

어떤 분들은 AI 디지털 교과서 사용으로 인해 학생들이 스마트 기기에 너무 중독되지는 않을까, 수업이 제대로 돌아가지 않는 것은 아닐까 걱정하시기도 하신다. 하지만, 실제 교육 현장의 분위기를 잘 알고 있다면 이러한 염려는 한낱 기우라는 것을 알 수 있다. 학생들이 스마트 기기에 중독되는 것은 학교 밖에서 부모들이 자녀에게 스마트 기기 사용에 지나친 자유를 준 나머지 기기 사용을 조절하지 못해 나타나는 현상이지, 기기 사용 시간이 수업에 한정된 학교 현장에서는 크게 걱정할 사안이 아니다. 그것은 학교라는 공간은 엄연히 규칙과 규율이 있고 선생님이 생활지도를 하며, 선생님이 허락하지 않은 것은 하지 않으려는 잠재적 질서 의식이 있는 곳이기 때문이기도 하다.

현재 학교에서 태블릿 PC를 활용해 수업 시, 선생님의 지도에 반항하며 스마트 기기를 함부로 아무 때나 사용하는 학생들은 거의 없다고 보면 된다. 따라서, AI 디지털 교과서가 학교에 도입되는 것과 스마트 기기 중독 현상과는 상관성이 많이 떨어진다고 볼 수 있다. 오히려, 아무도 안 보는 곳에서 몰래 스마트 기기를 사용하던 학생들이 이제는 삶의 일부분이 된 스마트 기기를 학교 안에서 교육적으로 활용하면서 긍정적으로 스마트 기기를 사용하는 법을 배우는 계기가 될 수도 있다. 따라서, 학교에서 디지털 교과서를 사용하게 되더라도 스마트 기기 사용으로 인한 중독 현상이나 학력 저하 현상은 걱정하지 않으셔도 되겠다.

우리의 숙제

앞에서는 AI 디지털 교과서의 유익한 점을 핑크빛(?) 전망 위주로 말씀을 드렸는데, 결국 이러한 핑크빛 전망이 현실로 나타나기 위해서는 디지털 교과서를 사용하는 교사들의 활용 능력이 중요하다.

수업의 주도권을 주고 있는 사람들은 바로 수업하는 교사들인데, 문제는 학교 현장에는 디지털 기기 사용을 어려워하는 교사들이 많다는 점이다. 어려워하는 이유에는 나이, 성향, 성별 등 다양한 요인이 있는데, 이를 극복하기 위해서는 결국 누가 디지털 기기를 접해도 쉽게 활용할 수 있는 인터페이스를 가진 디지털 교과서를 만드는 것이 중요하겠다. 동시에, 디지털 기기 사용을 어려워하는 교사들을 위한 연수 등의 지원이 필수적이다. 이 글을 읽는 학부모들도 가정에서 자녀를 지도하기 위해선 이러한 교육계의 변화에 발맞춰 여러 AI 기기들의 활용 능력을 키우는 노력이 필요할 것이다.

학교 교실에서 AI 디지털 교과서가 도입되는 것은 교육계에 부는 커다란 변화의 바람이다. 알다시피 무엇이든지 변화된다는 것은 참 쉽지 않은 과정이다. AI 디지털 교과서 사용에 대해 현재도 논란이 있고 도입되더라도 어려움이 있을 것으로 예상되는 부분이 있지만, 변화의 불편함을 뛰어넘는 AI 디지털 교과서가 주는 유익들이 교실 현장에 잘 구현되었으면 하는 바람이다. 이러한 변화의 바람이 교육계 안에 훈풍이 되도록 함께 기도하자.

11
영재학급에 들어가려면

　우리 아이가 과학, 수학, 음악, 체육 등 특정 분야에 재능을 보인다면 전문성 있는 별도의 사교육을 받게 하고 싶은 것이 부모들의 마음일 것이다. 하지만, 그러한 사교육들은 대부분 비싼 수업료로 인해 일반 가정들이 감당하기에는 경제적으로 부담스러운 경우가 많다. 그리고 그런 전문성 있는 강사와 학원을 알아보는 것도 보통 일이 아니며, 지방 소도시에는 그런 강사와 학원이 아예 없는 경우도 많다. 그래서 어떤 학부모들은 서울이나 대도시 중심가에 있는 유명 학원을 찾아다니며 자녀를 데리고 가기도 하지만, 거기에 들어가는 수고와 시간도 만만치 않다.

　이런 상황 속에 있는 분들에게 조금이나마 희소식을 드리고 싶다. 특정 분야에 재능을 보이는 자녀들을 위해 학원이나 개인 교습 대신 활용할 수 있는 무료 기관들이 있는데, 바로 교육청이나 대학교에서 모집하는 '영재학급'이다.

영재학급이란?

영재학급은 말 그대로 특정 영역에 뛰어난 성취도를 보이는 아이들을 따로 뽑아 전문적인 교육을 받게 하는 시스템을 말한다. 천재까지는 아니더라도 자녀가 어느 정도 재능이 있는데 다른 사교육을 받게 하기에는 비용과 이동 거리 등이 부담스럽다면, 주변 여러 기관에서 뽑는 영재학급에 도전해 볼 만하다. 뽑는 기관들은 지역 교육청에서부터, 대학교 부설 초·중·고, 교육원 등 다양하다. 각 기관 홈페이지에 학기 초·말에 올라오는 모집 공고를 참고하여 자녀에게 적절한 곳에 지원하면 된다.

각 기관 홈페이지들을 개별적으로 들어가 보기 어렵다면, 자녀가 다니는 공립학교 홈페이지나 E알리미, 아이엠스쿨, 하이클래스 등 자녀의 학교 공지 사항 알리미 앱에 들어가 보라. 학교로 보내진 여러 영재학급 교육 기관들의 모집 안내문들을 확인할 수 있을 것이다.

영재학급 모집 요강의 예시

아래는 경기예술고등학교의 2024학년도 영재학급 선발 내용과 관련한 안내문을 참고로 올려보았다.

〈2024학년도 경기예술고등학교 영재학급 모집 요강〉

Ⅰ. 경기예술고등학교 영재학급 설립 목적

예술 분야의 재능이 뛰어난 학생을 조기에 발굴하여 교육함으로써 개인의 자아실현에 대한 성취 욕구를 충족시키고 상상력과 표현력이 뛰어난 인재를 육성하여 국가와 사회의 발전에 이바지하게 함을 목적으로 한다.

Ⅱ. 2024학년도 영재학급 모집학과 및 정원

전 공	GED 명칭	대상학년	모집인원(명)	학급수
음악과	초4,5,6 통합과정 음악반	2023년 현재 초3~초5	20	1학급
	중1,2 통합과정 음악반	2023년 현재 초6~중1	20	1학급
	음악과 세부 전공별 모집 인원			비고
	▪성　악		1 ~ 5명	세부 전공별 확정 인원은 영재교육 대상자 선정심사 위원회에서 결정함
	▪피 아 노		1 ~ 10명	
	▪현악(바이올린, 비올라, 첼로, 더블베이스, 클래식기타)		1 ~ 10명	
	▪목관악기(플루트, 클라리넷 오보에 바순, 색소폰, 리코더) ▪금관악기(호른, 트럼펫, 트롬본, 유포니움, 튜바) ▪타 악 기		1 ~ 5명	
	▪작　곡		1 ~ 3명	
미술과	중1 미술반	2023년 현재 초6	20	1학급
	중2 미술반	2023년 현재 중1	20	1학급
만화 애니메이션과	중1 만화애니반	2023년 현재 초6	20	1학급
	중2 만화애니반	2023년 현재 중1	20	1학급
계			120	6학급

Ⅲ. 지원 자격

1. 모집 대상 지역: 경기도 전 지역

2. 지원자격 : 2023학년도 현재 경기도 소재 초등학교 및 중학교에 재학 중인

    학생(※동일 전형 기간 영재기관 2중 지원 불가)

3. 대상 제한: 추천 인원의 제한 없음

위의 표를 보면 경기예고 같은 경우 예고 특색에 맞게 음악과 미술 영역의 인재들을 선발하는 것을 볼 수 있다. 음악의 경우 세부 전공별 선발인원이 많지 않고 모집 대상이 경기도 전 지역이기 때문에 경쟁이 매우 치열할 것으로 보인다. 하지만, 자녀가 초등학생이거나 자녀 혼자 다니기에 너무 먼 거리서 살고 있을 경우 학부모가 매주 1회 이상 통학시켜 주어야 하기 때문에 그 근방에 사는 학생들이 주로 지원할 가능성이 매우 높다. 그래서, 실제 경쟁률은 높지 않다. 현재 공개되어 있는 경기예고 영재학급의 2021학년도 경쟁률은 음악과 2.16:1, 미술과 1.42:1, 연극영화과는 2.42:1 이었다.(기관 경쟁률을 공개하지 않는 경우도 있음)

영재학급 지원 방법

선발 과정은 학생의 지원 과목에 따라 조금씩 다르다. 경기예고와 같이 예체능 계열의 영재학급은 보통 1차 서류 평가, 2차 실기 평가로 이루어진다. 1차 서류 평가 시 음악과의 경우 자녀의 각종 개인 정보와 함께 자유곡이나 지정곡을 연주하는 모습의 비디오 촬영본을 요구하기도 한다.(미술의 경우 직접 그린 학생 작품을 낼 수 있음) 2차 실기 평가는 보통

실기 장소에서 주어진 자료들을 활용해 학생의 음악, 미술 실력을 심사위원들이 직접 평가하는 방식으로 진행된다.

1차 서류 평가 시 사전에 필요한 일이 있는데 바로 담임(담당)교사 추천서를 받는 일이다. 만약 자녀가 음악 관련한 영재학급에 지원할 경우, 학교 담임 선생님 혹은 음악 전담 교사의 추천서를 해당 기관에 반드시 제출해야 한다. 이 추천서를 받기 위해서는 담임(담당)교사에게 지원 계획을 사전에 알려서 학교장 확인을 받아야 한다. 기관에 따라 한 학교에서 1명만 지원할 수 있는 영재학급도 있는데 지원 학생이 2명 이상일 경우, 학교 자체 영재 학생 추천위원회를 통해 최종 1명만 선발하게 된다. 이처럼 학교 내 지원자들 간 경합 시, 지원하는 영역과 관련된 평소 과목 성적과 학습 태도, 담임교사 또는 해당 과목 교사의 의견이 종합적으로 점수로 반영되어 추천 학생을 선발한다.

〈그 밖의 참고 사항〉

- 영재학급 수업 연한은 1년으로 함(예: 2025년 3월 2일 ~ 2026년 2월 28일)
- 수업료는 무료이며 체험학습, 발표회 등으로 수익자 부담금(연 100,000원 이내)이 발생할 수 있음
- 사회통합 전형이 따로 있는 경우도 있음(국가보훈대상자 또는 그 자녀, 다자녀 가구의 자녀, 도서 벽지 학교 졸업 예정자, 학교장 추천 등)
- 실기 영상 자료본은 중간에 끊지 않고 시작부터 끝까지 한 번의 컷으로 촬영하는 '원테이크(one take)' 방식의 촬영만 허용함

12

크리스천 학부모가
학교운영위원회 위원이 된다면

　　학부모 중 상당수가 학교운영위원회에서 무슨 일을 하는지 잘 모르시는 분들이 많다. 그런 조직이 있다는 것을 알더라도 굳이 자신이 참여할 것은 아니기에 무슨 일을 하는지 별로 관심을 두지 않는다. 하지만 공립학교에서 학교운영위원회만큼 학교 운영에 막강 파워(?)를 지닌 기구가 없고, 학부모로서 운영위 위원이 된다면 학교에 선한 영향력을 끼칠 수 있는 너무 좋은 기회가 되므로, 이 장에서는 학교운영위원회의 역할과 참여 방안 등을 나누어 보고자 한다.

학교운영위원회란?

　　학교운영위원회(학운위)는 학교 운영의 자율성을 높이고 지역의 실정과 특성에 맞는 다양한 교육을 시행하기 위해 각 학교에 설치하는 심의·자문 기구로, 1996년부터 시행된 법적 기구이다. 쉽게 말해, 학교에 각종 중대사를 최종적으로 결정하는 곳이라고 아시면 되겠다. 특히, 학교 예산을 사용하고 학부모의 지갑에서 나오는 수익자 부담의 각종 교육 활동(소풍, 방과후 활동)들을 학부모가 검토하고 최종적으로 결정할 수 있는 기구다.

이렇게 교육의 3대 주체(교사, 학생, 학부모)인 학부모로서 정당하게 학교에 선한 영향력을 끼칠 수 있음에도 많은 학부모가 잘못 알고 있어 참여를 꺼리기도 한다. 예컨대, 학부모들이 아무 생각 없이 학운위에 필요한 학부모 대표인원 정족수만 채우기 위해 학운위에 참여하는 것이 그 대표적인 경우다.

하지만, 크리스천 학부모로서 이 기구의 중요성을 알고 참여하게 되면, 학교 안에서 선한 영향력을 발휘하고 예수님의 소금과 빛으로 쓰임 받을 수 있는 매우 좋은 통로가 된다. 예를 들어, 학교에서 동성애를 옹호하는 성교육 강사를 아이들 수업에 성교육 강사로 초빙하려고 할 때, 그러한 강사가 학교 안에 들어오지 못하도록 반대 의견을 내고 그 싹을 잘라낼 수 있는 공식적인 기구가 이 「학운위」이다. 교장, 교사처럼 학교 교육의 전문가는 아니지만, 교육의 수혜자인 자신의 자녀가 어떤 교육을 받을지 학부모들의 대표로서 결정권을 갖는 것이다.

만약 전국의 크리스천 학부모들이 우리나라 초·중·고 공립학교의 학운위 위원이 된다면 어떻게 될까? 학교 교육이 지금보다는 더 하나님 나라의 가치에 기반을 둔 교육을 할 수 있지 않을까? 그런 이유에서 필자는 우리 크리스천 학부모들이 학운위에 조금 더 관심을 가져주면 좋겠다는 의견이다.

잠시 미국 사례를 살펴보자. 미국에도 한국과 같이 학부모운영위원회가 있는데 바로 「Parent Teacher Organization(PTO)」라고 불린다. 이 PTO가 미국 공립학교에서 하는 일들에는 다음과 같은 사례들이 있다.

● 보스턴 라틴 스쿨: 보스턴 라틴 스쿨은 미국에서 가장 오래된 공립학교로, 1635년에 설립된 학교이다. 보스턴 라틴 스쿨 PTO는 학생들의 학업 성취도와 리더십 능력을 향상시키기 위해 다양한 프로그램을 지원하는데 예를 들어, 수학 올림피아드 대회, 모의 법정 대회, 모의 유엔대회 등에 참가하는 학생들에게 재정적 지원을 해주고 있다. 또한, 교사들의 연수 비용이나 교실 용품 구입 비용 등을 모금 활동을 통해 후원하고 있다.

● 텍사스 플라워 마운드 고등학교: 텍사스 플라워 마운드 고등학교는 텍사스 루이스빌에 있는 공립학교로, 1999년에 설립되었다. 플라워 마운드 고등학교 PTO는 학생들의 학업과 진로에 대한 지원을 위해 학생들의 성적표나 표준시험 점수를 확인하고 상담해 주는 학업 지도 프로그램을 운영하고 있다. 또한, 대학 진학이나 장학금 신청에 대한 정보를 제공하고 준비를 돕는 진로 지도 프로그램을 운영하고 있다.

● 뉴욕 PS 321: PS 321은 뉴욕 브루클린에 있는 초등학교로, 1897년에 설립되었다. PS 321 PTO는 학생들의 창의성과 다양성을 존중하

고 발전시키기 위해 미술, 음악, 연극, 춤, 체육 등의 예술 교육 프로그램을 운영하고 있다. 또한, 다문화 교육, 성평등 교육, 환경 교육 등의 사회적 이슈에 대한 인식을 높이기 위한 프로젝트를 진행하고 있다.

위의 미국 공립학교 PTO들의 활동들은 학교 발전을 위한 PTO의 일반적인 활동들이다. 여기서 주목해볼 내용은 동성애와 젠더이데올로기를 미화해 가르치고 있는 뉴욕주 PS 321 초등학교의 성평등 교육이다. 이런 교육을 막기 위해 미국 크리스천 학부모들은 학교의 PTO와 「Parent Teacher Association(PTA)」와 같은 학부모 단체를 통해 학교의 성교육 방침을 만드는 데 의견을 제시하고 있고, 젠더 이데올로기와 같은 성교육을 실시할 경우, 자기 자녀들에게 성교육을 면제할 수 있도록 요청하거나 법적 소송을 걸기도 한다.

이렇게 미국 공립학교 학운위와 학부모 단체들은 그 역사와 전통을 바탕으로 훨씬 다양하고도 체계적으로 학교의 각종 현안에 적극적인 목소리를 내며 학교 발전의 주체로 자리 잡고 있다. 이런 관점에서 한국 공립학교 운영위와 학부모 단체들은 미국의 학운위와 단체들을 통해 배워야 할 점이 많다. 크리스천 학부모들이 학교 운영에 막강한 영향력을 지닌 학운위 활동에 보다 적극적으로 나선다면, 미국의 사례들과 같이 우리 자녀들과 한국 학생들을 거침없는 세속의 물결로부터 보호하는 귀중한 역할을 수행할 수 있을 것이다. 크리스천 학부모들이여, 가능하다면 학운위 위원이 되는 것에 한번 도전해 보는 것은 어떨까?

13
아이가 만나는 친한 친구가 소수로 한정되어 있을 때

자녀들은 보통 전학을 가지 않는 한 하나의 초등학교를 오래 다니게 된다. 그래서 1학년 때 친한 친구를 사귀면 그 친구는 최소한 6년 동안 가까운 관계로 지내는 절친이 될 수 있다. 비록 학년이 바뀌어 서로 다른 반이 되더라도, 같은 동네에 살게 되면 등·하교를 함께 하거나 학원, 교회 등지에서 친하게 지낼 기회가 많다. 자녀가 초등 중학년이 이상이 되면 친한 친구들이 있어야 그 관계를 통해 학교생활을 더 즐겁게 할 수 있기에 친한 친구가 있는 것은 정말 좋은 일이다.

그런데 간혹 어떤 학부모들은 "자녀가 소수의 친한 친구들하고만 너무 붙어 다녀서 걱정입니다"라며 상담 요청을 하시는 경우가 있었다. 아이가 친한 친구하고만 붙어 다니니 새로운 친구와 관계를 못 맺고 관계가 넓어지지 않는다는 얘기였다. 앞으로 아이가 사회에 나가면 다양한 사람들을 만나고 함께 지내야 할 텐데 너무 좁은 인간관계만 맺기 때문에 자녀가 커서 사회생활을 못 하게 될까 봐 불안해하는 심리가 그 기저에 깔려있었다. 자녀가 소수의 친구하고만 관계를 맺는 것이 미래에 정말 문제가 될까? 문제가 된다면 어떻게 하는 것이 좋을까?

이런 경우 먼저 우리 아이가 친구를 사귈 때 가장 큰 영향을 미치는 아이의 성격이 어떠한지를 살펴봐야 한다. 요즘 사람을 이해하기 위해 많이 사용하고 있는 MBTI 성격유형 검사를 보면, 첫 번째로 사람을 외향형인지(E), 내향형인지(I)로 구분한다. 외향형인 아이들은 친구들을 넓게 사귀며 관계를 통해 에너지를 얻는 유형이다. 이들은 친구가 많은 것을 좋게 여기고 어떤 친구와 조금만 함께하는 시간이 생겨도 그 친구와 벌써 친한 관계라고 여기는 아이들이다. 이런 유형의 아이들은 자신이 친한 친구라고 여기는 아이들이 자신의 주변에 많으면 많을수록 좋은데, 그러한 관계로부터 자신이 에너지를 얻기 때문이다.

반면, 내향형인 아이들은 소수의 친구와 단짝으로 지내는 성향을 지니며, 너무 많은 친구 관계를 피곤해(?) 한다. 왜냐하면 내향형인 아이들은 혼자 있는 시간을 통해서 에너지를 얻는데, 친구 관계가 많을수록 자신의 에너지를 다른 친구들에게 빼앗기기 때문이다. 그래서 이 아이들은 자신이 친하게 지낼만한 친구가 1~2명만 있어도 친구 관계에 만족해한다. 따라서, 아이의 친구 관계가 너무 좁아 보이고 매일 똑같은 한 두 명의 아이들과만 친하게 지내고 있다면, 우리 아이가 내향적인 성향을 지닌 아이는 아닌지를 먼저 확인해야 한다. 만약 우리 아이가 내향적인 성향을 지닌 아이라면 아이가 어떤 관계의 문제를 가진 것이 아니라 아이의 성격이 그러한 것이기 때문에 이해해 주어야 하는 것이다.

우리가 보기에 외향적인 아이들이 학교생활을 더 잘할 것 같지만, 사실 그렇지만도 않다. 내 학급 아이들을 돌아보면 내향적인 아이들도 얼마든지 책임감을 갖고 학교생활을 잘할 뿐만 아니라, 공부도 열심히 잘하고 과제나 활동에도 적극적으로 참여하는 것을 볼 수 있었다.

외향적인 부모님이 보기에는 자녀가 내향적인 성향을 보이는 것이 자신과 다르기에 문제처럼 보일 수 있다. 하지만, 자녀가 내향적이라 친한 친구가 1~2명 밖에 없는 것은 너무 걱정하지 않아도 된다. 그 자녀도 아주 가깝게 붙어 다니는 아이들이 1~2명인 것이지, 필요할 때는 교실 안에서 다른 아이들과 얼마든지 대화를 주고받으며 함께 생활하고 있기 때문이다.

다만, 친한 친구가 1~2명인 이유가 우리 아이의 너무 독특한 성격 때문이라든지, 특이한 생활 태도를 보인다든지, 이기심이 너무 커 다른 사람과 어울리지 못하는 것은 아닌지는 살펴보아야 한다. 우리 아이가 친구들이 기피하는, 사회성 떨어지는 유형의 아이는 아닌지 살펴보라는 것이다. 만약 그러한 것이 아니라면 친한 친구가 1~2명일지라도 학교에서는 여러 아이와 잘 지내고 있으니 걱정하지 않아도 된다.

"그래도 저는 우리 아이가 다양한 친구들을 사귈 수 있으면 좋겠어요."

이렇게 우리 아이의 친구 관계를 더 넓혀주고 싶다면, 부모로서 다음과 같은 방법들을 시도해 보면 좋을 것이다.

① 교내 다양한 활동에 참여하기: 학교에서 제공하는 다양한 활동에 참여하면 새로운 친구들을 사귈 수 있다. 예를 들어, 자녀를 방과 후 축구 활동과 같은 체육 활동, 요리 교실, 미술 교실, 동아리 활동 등에 참여시켜 본다. 재미있는 취미활동이 될 뿐만 아니라 같은 학년 친구가 아니더라도 동네의 친한 언니, 형, 동생들을 사귈 기회가 된다.

② 친구들과 함께 놀기: 아이들은 함께 놀아야 서로 친해지는 기회를 만들 수 있다. 시간을 따로 내어 놀이공원이나 박물관 등을 함께 방문하거나, 컴퓨터 게임, 스포츠를 함께 즐겨본다. 근교에 건전하게 시간을 보낼 레포츠 시설이 있다면 용돈을 주며 친구와 함께 다녀오도록 기회를 마련해본다.

③ 친구를 집에 초대하기: 친구들과 사적인 공간에서 함께 시간을 보내면 서로 친해지는 데 도움이 된다. 방과후나 주말에 친구를 가정에 초대해 맛있는 식사와 함께 즐거운 시간을 보내는 걸 추천한다.

여기에 더해, 실제 나에게 요청했던 사례가 있어 자녀가 학교에서 다른 친구를 사귈 수 있는 방법 하나를 알려드리도록 하겠다. 그것은, 우리 아이가 같은 반에 너무 친한 한 두 아이하고만 지내는 것 같으면, 다음 학년에 올라가기 전 담임 선생님께 부탁하여 해당 친구와는 반을 떨어뜨려 달라고 요청하는 것이다.

"아니 선생님. 정말 그런 부탁을 드려도 되는 건가요? 편법 아닌가요?"

아니다. 자녀의 인간관계의 확장과 다양한 친구를 사귀어 보는 경험을 위해 교사에게 요청하는 이러한 부탁은, 학생의 사회성 발달을 위해 학교에서 충분히 고려할 만한 교육적 사안이 되기 때문이다.(물론 최종 결정은 담임 선생님과 학교에서 여러 가지 교육여건을 고려해 판단할 것이니 참고하기 바란다) 나에게 그런 요청을 했던 학부모의 자녀는 기존에 친했던 아이와는 다른 반이 되었어도 계속 친하게 지냈을 뿐만 아니라, 다른 반에서 또 다른 친구를 잘 사귀어 학교생활을 즐겁게 했다고 한다.

3장

슬기로운 공교육 생활
〈가정생활 편〉

1
자녀 맞춤형 학습법으로 공부 방식을 바꿔라
〈MBTI 학습유형〉

자녀의 학습을 지도할 때 부모로서 가장 먼저 알아야 하는 것 중의 하나는 자녀의 학습 유형이다. 자녀가 암기를 잘하는 편인지, 내용 파악이 빠른 편인지, 꾸준히 장기적으로 공부하는 것을 선호하는 편인지 등 자녀의 학습유형을 이해하고 있으면 자녀의 학습을 지도하기가 훨씬 수월해진다. 반대로, 자녀의 학습유형을 모르면 쓸데없는 에너지를 낭비하고 부모와 다른 자녀의 공부 방식에 부모가 답답해할 수 있다.

어떤 아이는 직관력이 좋은 아이라 전체적인 이해력은 빠르지만 꼼꼼하게 암기하고 철자를 외워서 쓰는 디테일한 공부에 극도로 취약한 아이가 있다. 반면, 암기는 너무 잘하는데 전체 흐름을 이해하지 못해 같은 문제를 살짝 바꿔서 낸 응용문제를 풀면 못 푸는 아이들도 있다. 또 어떤 아이는 성실하여 꾸준히 반복해서 하는 학습을 상대적으로 잘하지만, 어떤 아이는 똑같은 내용의 주제로는 30분도 앉아 있지 못하는 아이들도 있다. 자녀의 성격처럼 자녀에게 맞는 공부 방식도 다양한 것이다.

그럼 내 자녀에게 맞는 공부 방식을 어떻게 알 수 있을까? 자녀에게 적합한 공부방식을 알기 위해서 이번 장에서는 요즘 핫한 MBTI 학습 유형을 소개하고자 한다.

MBTI 학습 유형이란?

요즘 사람의 성격(Character)을 이해하는데 많이 쓰이고 있는 MBTI 성격 유형 검사는 마이어스(Myers)와 브릭스(Briggs)가 칼융의 초기 분석 심리학 모델을 바탕으로 1962년 개발한 성격 유형 검사이다. 이것이 발전하여 사람의 MBTI에 따라 학습 유형을 달리해야 한다는 이론이 생겨났는데 그것이 바로 MBTI 학습유형 이론이다.

사람의 성격이 공부하는 방식에 영향을 미친다는 것은 많은 교육학자들이 동의하는 바이며, MBTI 성격 유형 검사는 집에서도 쉽게 해볼 수 있는 검사이기에 개인적으로 자녀의 학습유형을 알아보는 방식으로 이 방식을 추천한다. 공부 잘하는 학생들의 공부법들을 무작정 따라 하는 것이 아닌, 자녀의 학습유형을 이해하여 자녀에게 맞춤형 학습법을 적용해 자녀의 학습 효과를 극대화해 보자.

자녀의 성격 · 학습 유형 파악의 중요성

　나는 자녀의 성격을 이해하고 맞춤형 공부 방식을 적용시키는 것의 중요성을 내 아이를 직접 가르치면서 깨달았다. 아이에게 수학을 가르치며 내 아이의 성향을 이해하지 않고 내가 과거의 배운 방식, 내가 쓰던 학습법, 내게 맞았던 공부법이 내 아이에게도 맞을 것으로 생각하여 그대로 적용했는데 별로 효과가 없었다. 오히려 내가 가르쳐주는 방식만 따라서 공부하면 잘될 것이라고 알려줬는데 왜 실천을 안 하느냐고 아이만 나무라는 역효과가 났다. 그런데 돌이켜보면 아이가 내 방식대로 실천 안 하는 것이 당연했다. 아니, 못하는 것이 당연했다. 아이는 나와는 다른 인격체이기 때문에 내게 맞았던 방식이 아이에게는 똑같이 적용되지 않았던 것이다.

　내 딸은 수학 문제를 풀 때 수학 공식이나 문제 푸는 원리를 배워서 그것을 그대로 따라 하고 적용하는 것을 굉장히 어려워했다. 여러 차례 "이 문제는 이렇게 푸는 거야"하고 알려줘도, 한 번도, 두 번도 아닌, 세 번, 네 번을 알려줘도 원리에 따라 적용만 시키면 되는 문제를 자꾸 혼자만의 방식대로 창의적으로(?) 푸는 것이었다.

　예를 들어, $\frac{4}{5} - \frac{1}{4}$을 구해야 한다면, 밑에 분모를 통분시켜주고 분자끼리 빼주면 된다고 그 원리를 시범으로 보여줬는데도 불구하고, 왜 통분을 해야 하는지, 왜 통분한 뒤 분자끼리만 빼주면 답이 되는 건지 이해가 안 되면 그 원리를 쉽게 따라 하지 못했다. 수학 원리가 현실적으로 이해가 되든 안 되든 '그렇게 푸는가 보다…' 하고 따라 하면서 배웠던 나에게, 딸의 문제 푸는 모습은 정말 이해할 수 없는 모습이었고 속이 터질 지경이었다. 하지만, 알고 보니 내 딸은 나같이 어떤 개념을 달달 외워서 무작정 따라 해보는 성향의 아이가 아니었다. 오히려 내 딸은 해당 수학적 원리가 직관적으로 먼저 이해가 되고, 이전 개념과의 연관성이 논리적으로 이해가 될 때, 비로소 해당 수학적 원리를 실전에 적용 시킬 수 있었던 것이다.

그 사실을 안 다음부터는 내 딸을 가르칠 때 수학적 개념이 담긴 그림과 함께 사전 개념 설명을 충분히 해주기 시작했다. 그리고 설명한 내용이 실제 수학적 기호로 어떻게 표현되는지를 딸에게 차근차근히 설명해줬다. 그러자 딸이 해당 수학 개념을 이해하더니 문제를 푸는데 자신감을 얻는 것이 아닌가! 내겐 자녀 수학 지도에 관련해 큰 변화를 가져다준 놀라운 발견이었다.

혹시 내 딸의 사례처럼 당신은 당신의 자녀 학습유형을 몰라 엉뚱한 곳에 헤딩하고 있지는 않은가? 이것이 당신과는 전혀 다를 수도 있는 자녀의 학습 성향을 먼저 파악하는 것이 필요한 이유이다.

자녀의 성격과 학습 유형을 파악하는 것이 얼마나 중요한지 실제 있었던 예를 한 가지 더 들어보겠다.

우리 주위에서 심심치 않게 볼 수 있는 모습인데, 엄마 A는 MBTI 유형 중 P(인지형)인데 아들 B는 J(판단형) 성향을 보이는 모자가 있었다. 보통 J형 사람들은 미리 계획을 세워서 그 계획에 따라 공부하는 것을 선호한다. 그리고 어떤 공부를 언제 하고 그 이후에는 또 어떤 공부를 이어서 할지 순서를 정해놓고 그렇게 해내었을 때 성취감과 자기효능감을 느낀다. 이런 성향의 자녀를 둔 부모에게 필요한 것은 자녀가 스스로 공부 계획을 잘 세웠는지를 보고, 계획대로 목표에 다다를 수 있게 중간에 부모가 개입하거나 공부 계획을 변경시키지 않는 것이다. 그리고 마지막에 자녀가 계획대로 최종 목표를 달성했는지 체크를 해주면 된다.

그런데 내 자녀가 그런 학습유형의 사람인지 몰랐던 P형 엄마는 자녀의 학습 계획과 일정에는 관심을 두지 않고 "너 요즘 수학 공부가 부족한 것 같으니까 수학 먼저 하자", "오늘은 우리 가족이 친척네 집에 가기로 했으니까 다른 스케줄 다 취소하고 준비해" 등, 자녀의 학습 계획에 없던 일들을 자녀에게 툭툭 던졌다. 아니나 다를까 이러한 엄마의 자녀 지도는 바로 아들 B의 학습 스트레스로 이어졌다.

엄마와 같은 P 유형의 사람들은 별도의 계획을 세우지 않고 그때그때 필요에 따라 순발력 있게 행동하는 편이라 갑작스러운 스케줄 변경에도 잘 대처하는 편이다. 하지만, 아들과 같은 J형의 사람들에게 미리 세워놓은 자신의 공부 계획이 좌초되고 학습 일정과 순서를 갑작스레 변경하는 것은 큰 스트레스로 다가온다. 그리고, 이러한 일이 지속되었을 때, 부모는 자녀 학업에 도움이 되는 존재가 아니라 방해가 되는 존재로 자녀에게 인식될 수 있다.

실제로 위 사례에서 학습과 관련한 아들 B의 엄마 A를 향한 불만은 사춘기적 반항으로 나타났다. 다행히 엄마 A는 아들 B의 성향을 나와의 대화 과정에서 알게 되었고 그 이후에는 자녀의 학업 스케줄에 웬만해서는 관여하지 않았다고 한다. 그 결과 자녀와의 충돌이 덜해졌고 관계가 더 좋아졌다는 말을 들을 수 있었다. 우리 자녀의 학습 유형을 파악하는 것은 이렇게도 중요한 일이다.

MBTI 성격 · 학습 유형 알아보기

그럼 이제 MBTI 유형과 그에 따른 다양한 학습 유형에 대해 구체적으로 알아보자. 자녀와 나의 MBTI 유형을 알려면 검사를 해야 하는데, MBTI 성격 유형 검사를 하기 위해 10여 분만 투자하면 되는 좋은 사이트가 있어 하나 소개한다.

MBTI 유형 검사

www.16personalities.com
이곳 설문대로 답변을 달면 10여 분만에 자신의 MBTI 유형을 확인할 수 있다.

자신과 자녀의 MBTI 성격 유형을 확인했다면 그에 따른 우리 자녀에게 맞는 공부 스타일은 과연 무엇인지 알아보겠다. 그리고 자녀에게 맞는 공부 스타일대로 현실적으로 어떻게 공부 방식을 바꾸어 볼지 알아보도록 하자.(다음의 내용은 필자가 한국지식협회 MBTI 학습진로상담지도사 자격증을 따며 학습했던 내용과 「우리들의 MBTI 4: 학습 유형」(다산어린이/조수연 저 2023)의 내용을 참고해 서술하였다)

〈학습자간 상호작용과 학습 속도에 영향을 주는 요소〉

내향형(I) vs 외향형(E)

▶내향형(Introversion)의 학생들

내향형의 학생들은 친한 사람이나 친구가 없는 모임에 가면 어색해한다. 그리고 평소 침착하고 조용하며 소극적인 모습을 보이는데 혼자 놀거나 조용히 책을 읽는 모습도 자주 눈에 띈다. 이들은 먼저 고민한 다음에 행동하는 편인데 부끄러움을 쉽게 타며 낯선 곳에 혼자 가기를 주저하는 모습을 보인다. 자신이 먼저 나서 자기 의견이나 감정을 표현하기보다 누가 물어봐야 대답하는 편이며, 글을 통한 의사소통 방식을 선호한다.

▶외향형(Extraversion)의 학생들

외향형의 학생들은 처음 보는 사람들과 쉽게 이야기하거나 금방 친해지는 성격을 지녔다. 이들은 모르는 사람들이 많은 곳에서도 비교적 활발하게 행동하는 편이며, 누가 물어보지 않아도 자신의 기분을 잘 드러낸다. 자신감이 있어 보이고 밖에서 있었던 일을 누가 물어보지 않아도 이야기한다. 이들은 다른 사람들을 만나고 활동할 때 에너지가 생기며 말을 통한 의사소통 방식을 더 선호한다. 다양한 사람들과 폭넓은 관계를 형성하는 편이다.

〈정보를 인식하는 방식의 차이를 주는 요소〉

감각형(S) vs 직관형(N)

감각형이냐 직관형이냐에 따라 자녀의 학습 방법과 기억 방법이 달라진다.

▶감각형(Sensing)의 학생들

감각형의 학생들은 오감을 통해 직접 경험한 정보를 더 잘 받아들이며, 현재에 초점을 두고 효율성을 추구하며 정보의 현실성을 중요하게 여긴다. 이들은 기존의 방식을 중요하게 여기며, 비유적이고 상징적인 표현보다는 구체적이고 정확한 표현을 더 잘 이해한다. 따라서, 무엇을 배울 때 실제적인 예를 들어 배우는 것이 중요하다. 이들은 디테일에 강한 편이라 주변 사람들의 외모나 사소한 특징들을 잘 기억하며, 꾸준하고 참을성 있다는 말을 듣는 편이다.

공부할 때 세부적인 내용을 잘 암기하고 손으로 직접 만지거나 조작하는 것을 좋아한다. 꼼꼼한 편이고 한 번에 하나의 활동을 하며 새로운 활동보다는 늘 하던 활동을 편해한다. 이들은 "그게 정말이야?"라는 식의 질문을 많이 하며, 새로운 방법을 시도하기보다 남들이 하는 대로 따라 하는 것이 편한 학생들이다.

★감각형(S)의 학습 개선 전략
① 지나치게 꼼꼼하고 세부적으로 접근하다 보니 시간의 낭비가 있음 → 가볍게 훑어보기
② 추상적인 개념을 이해하는데 약한 경향을 보이므로 추상적인 개념이 나오면 따로 정리해 두기
③ 한 문제를 푸는데 너무 오래 지체하면 다른 문제를 풀거나 다음 공부를 하지 못하니, 어느 정도의 시간이 지나면 중간에 막히더라도 넘어가기

▶직관형(Intuition)의 학생들

직관형의 학생들은 이론적이고 개념적인 정보를 더 잘 받아들이며 추상적으로 표현하는 것을 좋아한다. 이들은 당장에 닥친 현재뿐만 아니라 과거, 현재, 미래를 전체적으로 살펴보는 것을 좋아하며, 새로운 시도를 추구하는 것을 불편해하지 않는다. 디테일에 약한 면을 보이기에 종종 물건을 잃어버리거나 어디에 두었는지 기억 못 할 때가 있으며, 창의력과 상상력이 풍부하다는 말을 자주 듣고 상상 속의 이야기를 잘 만들어내는 편이다.

다른 아이들이 생각하지도 않은 엉뚱한 행동이나 상상을 할 때가 있으며, 질문을 많이 하는 편이다. 신기한 것에 호기심이 많고 공상 속의 친구가 있기도 하며 장난감이나 기기를 분해하고 탐색하는 것을 좋아한다. 이들은 "하고 싶다, 되고 싶다"라는 꿈이 많은 사람들이다.

★직관형(N)의 학습 개선 전략

① 큰 숲을 보는 경향이 있어 세세한 사항들을 놓치는 경향이 있으므로 반복 학습 시 중요한 세부 사항들을 따로 체크해놓기

② 직관형들은 크게 이미지로 기억하는 경우들이 많으므로 정확하게 필기하는 습관을 갖기

③ 실수하는 계산이나 오탈자 체크를 추가로 해주기

④ 문제의 앞부분만 읽고 전체 내용을 추리하여 직관적 해석을 가지고 문제를 푸는 실수를 할 수 있기 때문에, 문제를 끝까지 읽고 푸는 습관을 갖기. 경우에 따라 문제에 밑줄을 긋거나 동그라미를 치고 읽는 것이 도움이 될 수 있음

〈정보를 판단하는 방식의 차이를 주는 요소〉

사고형(T) vs 감정형(F)

학생이 선호하는 과목 학습 내용, 정보를 판단하는 방식에 영향을 준다.

▶사고형(Thinking)의 학생들

사고형의 학생들은 의사결정을 할 때 감정을 최대한 배제하고 인과 관계를 파악하여 객관적으로 판단하는데 원리 원칙이 중요하고 이성적인 사람들이다. 이들은 사실(Fact)에 관심을 가지며 무엇이 잘못되었는지 잘 분석하며, 이공계 계열 과목을 인문계 계열 과목 공부보다 더 선호한다.

이들은 목표 달성이 사람들과의 관계보다 더 앞서며 야단을 맞거나 벌을 받아도 눈물을 잘 보이지 않는 편이다. 한번 마음먹은 일은 꾸준히 밀고 나가는 편이며, 성적이 올랐거나 잘했을 때 직접적인 칭찬을 받아야 좋아한다. 이들은 대게 논리적이고 구체적인 설명으로 부모나 친구들을 설득하는 편이다. 영화나 드라마에서 악당을 벌주는 정의로운 내용을 좋아한다.

▶감정형(Feeling)의 학생들

감정형의 학생들은 의사결정을 할 때 개인적인 가치에 근거해 무엇이 중요한지 판단하는데 주관적인 가치를 중요시하고 감성적인 사람들이다. 이들은 사람들과의 관계에 주된 관심을 가지며 다른 사람들의 의견에 잘 공감해 준다. 인문 계열 과목을 공부하는 것을 자연 계열 과목을 공부하는 것보다 더 선호하며 사람들과의 관계가 목표 달성보다 앞서는 편이다.

이들은 좋아하는 선생님이 가르치는 과목은 더 열심히 하며 관계를 중요하게 여기기 때문에 부모님이나 선생님의 말을 잘 듣는 편이다. 감정이 풍부하고 정이 많다는 말을 들으며 주위에 불쌍한 사람이나 친구들이 있으면 마음 아파하고 도와주고 싶어 하는 모습을 보인다. 이들은 야단을 맞거나 벌을 받으면 눈물부터 나오는 학생들이다.

〈외부 세계에 대한 행동 방식의 차이〉

판단형(J) vs 인식형(P)

학습 습관과 학습 계획, 학습 계획의 유연성에 영향을 준다.

▶판단형(Judging)의 학생들
판단형의 학생들은 조직적이고 구조화된 환경을 선호하는데 어떤 일을 하기 전 미리 계획을 세우며 미리 준비해서 여유롭게 끝내는 편이다. 분명한 목적의식과 방향을 갖고 있으며 빠르게 결정하려고 하는 편이다. 생활 계획표를 세밀히 짜 놓고 그대로 생활하는 것을 좋아하며, 계획대로 실천했을 때 큰 성취감을 느끼는 편이다.

이들은 먼저 공부나 할 일을 해 놓고 노는 편이며 규칙적인 생활을 한다. 이들은 계획형이라 시험 보기 전에 미리 여유 있게 공부 계획을 세우며 마지막 순간에 임박해서 공부하는 것을 싫어함으로 벼락치기 공부는 웬만해서는 하지 않는다. 이들은 목표가 뚜렷하고 자신의 의견을 분명히 표현하는 편이며 계획에 없던 일이 생기면 힘들어하며 짜증을 내기도 한다. 깨끗이 정돈된 상태를 좋아하며 준비되지 않은 일은 보통 시작도 하지 않는다.

★판단형(J)의 학습 개선 전략
① 계획적인 것은 좋으나 계획을 세우는 데에 너무 많은 시간을 쓰지 않도록 하기
② 오래 공부하는 것보다 학습 내용을 이해하는 것에 중점을 두기
③ 필기에 집착하지 않기
④ 무리해서 계획을 세우고 실천하다가 컨디션에 무리가 갈 수 있으니 컨디션 조절에도 신경 쓰기

▶인식형(Perceiving)의 학생들
인식형의 학생들은 새로운 것에 대해 유연하고 개방적인 편이다. 어떤 일을 깊게 생각하기 보다 먼저 행동으로 시작하고 보는 편이며 행동을 하며 그때그때 계획을 변경하는 것이 쉬운 사람들이다. 일을 미리 하기보다 마지막 순간에 집중해서 끝내는 편이라 벼락치기 공부에도 강한 면모(?)를 보이며, 계획을 세우지 않고 일이 생기면 그때그때 처리하는 편이다.

이들은 방이 어수선하게 흐트러져 있어도 개의치 않으며, 남의 지시에 따르기보다 자신의 마음에 따라 행동하는 것을 좋아한다. 노트나

책가방 등 준비물이 있을 때 미리 준비하기 보다 준비 기간이 얼마 남지 않았을 때 급하게 챙기는 편이다.

★인식형(P)의 학습 개선 전략
① 때로는 계획에 없던 일들을 충동적으로 실행에 옮길 때가 있으므로 충동을 자극하는 모든 요소를 사전에 없애기
② 임기응변식으로 공부를 하는 경향이 있기 때문에 최종이 아닌 중간 목표들을 여러 개 설정하여 공부해 보기
③ 진도에 대해 명확한 계획을 세워보기
④ 자신을 엄격하게 관리해 줄 대상을 두는 것이 좋음(예: 스터디 그룹, 벌금 설정 등)

MBTI 네 가지 기질

MBTI는 성격 유형을 16가지로 나누지만 MBTI 못지않게 해외에서 잘 알려진 「케어시 기질검사(Keirsey Temperament Sorter)」에서는 총 4개의 유형으로 사람의 기질을 분류한다.

케어시 기질검사에 나온 각각의 Rationals(이론가) / Idealists(공상가) / Artisans(장인) / Guardians(수호자)의 유형들은 MBTI의 NT / NF / SP /SJ 와 유사성이 많아 위의 순서대로 짝을 지어 함께 쓰이니 참고하여 알아두면 좋을 것이다. 다음은 케어시 기질검사를 기반으로 MBTI 성격 유형을 크게 4가지로 나눈 내용이다.

1. SJ기질(보호자 기질)

SJ기질이 있는 사람은 소속되고 조직 안에 있을 때 만족을 느끼는데 남에게 베풀고 돌보며, 봉사하고자 하는 역할에 만족하며 늘 '내가 아니면 누가 하겠어'라는 의무감을 가진 사람들이다. '개미와 베짱이'에서 개미처럼 성실하고 책임감이 있으며 사회의 전통, 규칙, 가족 행사를 만들고 잘 지키는 타입이다. 이들은 원칙을 믿고 지키며 다른 사람을 돌보는 일을 좋아하는 사람들이다.

▶학습 특성 및 장점

매사 성실하고 부지런하며 꼼꼼함. 보수적인 기질이 강하고 우직함. 한번 판단을 내리면 그 판단대로 계획부터 세우며 계획대로 일을 진행함. 마감 기한을 지키려 노력함.

★선호하는 학습 방법

꼼꼼한 필기와 암기. 권위 있는 선생님의 방식을 따름. 철저한 복습 위주. 시간과 방법을 미리 계획함.

☆단점

표면적인 내용 이면의 의미와 맥락을 놓침. 지나치게 꼼꼼하고 세부적으로 접근하다 보니 시간의 낭비가 있음. 비효율적인 학습 방식이라 고수하는 경향이 있음. 변수를 싫어하기 때문에 돌발 상황에서 시간 배분에 실패할 수 있음.

2. SP기질(자유주의자, 장인·예술가 기질)

SP 유형은 '지금 이 순간을 즐기자'라는 가치를 주로 가진 사람들이다. 장기적 목표나 계획에 맞춰 행동하는 것을 거부하며 과정을 즐기는 것에 만족을 느낀다. 이들은 종종 충동적으로 보이기도 하지만 자신이 관심을 가진 것에 몰두하며 경험하고자 하는 것이며, 일과 놀이가 잘 구분되지 않기도 하는 사람들이다.

▶학습 특성 및 장점

단기간 승부를 보는 편임. 상황에 대한 이해력이 높아 갑작스러운 평가에서도 실력을 발휘함. 현실에 맞게 절충과 타협을 잘함.

★선호하는 학습 방법

가능한 교구나 기기를 사용하여 직접 조작해 보는 것을 선호함. 절차에 따르지만 자유 재량이 있는 방식을 좋아하며 자신감이 있는 상태에서는 경쟁적인 학습방식을 선호하기도 함.

☆단점

뛰어난 감각으로 인하여 집중력을 잃고 주변 환경에 의해 쉽게 산만해짐. 자신의 임기응변력을 믿고, 계획적으로 학습을 이끌어 나가지 못하기도 함. 적당한 선까지만 해도 만족해하며, 과목에 흥미를 잃었을 경우 포기해 버릴 수도 있음.

3. NF기질(이상주의자)

NF는 이상적 목표로 현재 모습에 만족하지 못하고 계속 방황하거나 도전하며, 때로는 죄의식에 빠지는 경우가 있는 사람들이다. 다른 사람의 피드백을 통해 자신의 의미나 존재의 중요성을 인정받기 원하며, 주위 사람들의 장점을 발견하고 성숙시키는 것을 좋아한다. 이들은 자신의 이상에 대한 헌신이 강하며 언어능력이 뛰어나다. 성장 지향적이고 더 나은 세상 만들기를 원하는 이상적인 면모를 보인다.

▶학습 특성 및 장점

단기가 아니라 장기적인 학습 목표를 가지고 있음. 개인적인 신념과 가치를 이루기 위해 학습하면 강한 동기부여로 집중력을 보임. 문학 장르와 같은 서술적, 은유적인 학습을 선호하며, 외향형의 경우 언변이 탁월하고 외국어 습득 능력이 뛰어난 경우가 많음.

★선호하는 학습 방법

자신의 개인적인 신념과 꿈을 이루기 위해 해당 학습이 어떤 필요성을 가졌는지 명확히 하는 것이 필요함. 감정을 잘 보듬어주고 격려해주는 멘토와 같은 선생님이 중요함. 자신을 우호적으로 대하는 친구들과 함께 학습하면 학습 효율성이 올라감.

☆단점

학습의 동기와 의미를 찾지 못했을 경우 아예 열의를 보이지 않음. 경쟁적인 상황을 매우 싫어하며, 주변 분위기에 영향을 크게 받기 때문에 우호적이지 않은 분위기에서 학습 의욕을 상실할 수 있음. 풍부한 감성과 상상력으로 인해 실제 학습 시간 대비 질이 좋지 않을 수 있음.

4. NT기질(합리주의자)

NT는 능력 개발이 목표인 유형으로 자신의 영역을 이해하고 통제하고자 하는 욕구가 강한 사람들이다. '왜'라는 질문을 잘하고 세상 모든 것에 이유를 물으며 자신에 대해서도 회의하고 오류를 찾아내기도 한다. 위에서 소개한 3가지 기질을 포함하여 총 4가지 기질 중 가장 비판적인 유형이다. 이들은 간결하고 정확한 어휘 구사, 직선적이고 객관적인 의사소통을 즐기며, 지식을 지향하고 비전을 중요시하는 사람들이다.

▶학습 특성 및 장점
논리적이고 분석적이며 이성적으로 접근함. 추상적이고 개념적인 과목에서 두각을 나타내는 경향이 있으며, 지식 그 자체를 탐구하고 원리를 습득하는 것을 선호함. 주변 사람들의 시선이나 반응에 신경 쓰지 않음.

★선호하는 학습 방법
흥미 주제에 대한 심도 있는 집중 학습. 연구와 보고를 강조하는 프로젝트형 학습. 자신의 비전을 명확히 하고 그것을 이루기 위해 학습 로드맵을 그리는 방식. 감성을 나누기보다는 다양한 정보와 객관적인 피드백을 주는 코치를 선호함.

☆단점

논리적인 흐름이 없는 대화체 학습 방식이나 문학 장르에서 맥락 이해에 어려움을 느낄 수 있음. 사람의 감정에 대한 이해가 적다 보니 스트레스 상황에서도 억압된 감정을 인지하지 못하고 비판적인 모습으로 표출될 수 있음. 기존의 학습 풀이 방식을 그대로 받아들이는 데 거부감이 있음.

MBTI 성격 유형별 학습 전략

1. INTJ(진지한 연구자형)

(1)학습 유형의 특징: 연구형, 실험형 학습에 특화된 성격임. 냉철한 지성과 이성적인 판단력을 가진 사람들로 보통은 이과 성향이 많음.

(2)학습 의욕을 높이는 방법: 논리적인 토론이나 주제 연구 발표를 통해 학습할 때 의욕이 오름. 이들의 의견을 다른 시각에서 짚어줄 수 있는 코치가 있을 때 학습 의욕이 향상됨. 이들의 학습 방식을 무시하지 않고 과정에 대해 이야기할 수 있는 상대가 필요함.

(3)학습에 방해되는 요소: 상대방이 이들의 논리적인 주장에 대해 감정적으로 대응하거나 비난할 경우 매우 불편하게 느낌. 권위적이고 비합리적인 학습 방법을 강요하는 환경에서는 매우 힘들어함. 소모적이고 가벼운 인간관계를 힘들어함.

(4)스트레스 해소법: 미래에 대해 비전을 가지고 계획을 세우는 과정을 통해 스트레스를 해소함.

2. INFJ(세심한 철학가형)

(1)학습 유형의 특징: 나이답지 않게 삶의 의미에 대해 고민함. 확고한 신념과 열정이 있지만 겉으로 드러내지는 않으며 자기 안에 갈등이 많고 내면이 복잡함. 이 세상에 좋은 영향을 주려는 이상주의적인 가치관을 가지고 있음. 사람에 대한 통찰력이 깊음.

(2)학습 의욕을 높이는 방법: 누군가 자신의 신념과 소신을 인정하고 지지해 줄 때 학습 의욕이 높아짐. 세부 계획을 함께 세워주며 현실적인 도움을 줄 때 의욕이 높아짐. 자신에게 과하게 엄격하고 냉정한 면에 대해서 격려가 필요함.

(3)학습에 방해되는 요소: 감정적으로 예민해서 예의에 어긋나거나 비난하는 사람이 있을 경우에 급격히 스트레스를 받을 수 있음. 과도한 자기 성찰과 공부에 대한 부담감에 심리적으로 압박감을 가질 수 있음.

(4)스트레스 해소법: 마음을 열 수 있는 소수의 사람들과 대화를 하며 스트레스를 푸는 편임. 기도나 일기를 쓰면서 자기의 내면을 다스림.

3. ESFJ(적극적인 도우미형)

(1)학습 유형의 특징: 주변 친구들을 챙겨주고 관리하는 역할을 하

는 사람들이 많음. 책임감과 성실함이 강한 편임. 자신의 감정을 나눌 수 있는 친한 친구들이 있으면 안정적으로 성실히 최선을 다해 공부할 수 있음. 계획적인 태도로 인해 큰 무리 없이 장기간의 학습도 버티는 편임.

(2)학습 의욕을 높이는 방법: 관계지향적이기 때문에 주변에서 보내는 격려와 응원이 중요함. 안정적이고 예측 가능한 환경에서 학습 효율이 올라감.

(3)학습에 방해되는 요소: 감정적으로 힘들게 하는 비판적인 사람들. 엄숙하고 경쟁적인 분위기.

(4)스트레스 해소법: 압박감을 느끼는 평소의 학습 장소에서 벗어나 긍정적인 감정을 느낄 수 있는 새로운 곳에서 공부를 한다거나 여가 시간을 보내며 감정을 전환하는 것이 좋음.

4. ENFJ(성장을 돕는 리더형)

(1)학습 유형의 특징: 타고난 언변 능숙형으로 사람들을 이끄는 리더십이 있음. 자신의 이상과 신념을 실현하고자 체계적으로 학습을 함. 다소 감성적인 면모를 가지고 있음.

(2)학습 의욕을 높이는 방법: 더 나은 세상을 만들고자 하는 이상에 대해 공감해 주고 격려해 주는 것이 중요함. 이들이 약점인 세부적인 계획 세우기를 도와주면서 약점을 보완해 주었을 때 의욕이 상승할 수 있음.

(3)학습에 방해되는 요소: 이들에게 논리적으로 따지거나 비판하는 사람이 있을 경우에 스트레스를 크게 받으며 학습에 방해가 됨. 관계

를 중요시하는 오지랖 성향으로 인해 주변 친구들과의 접촉을 다소 줄여야 함.

(4)스트레스 해소법: 자신의 신념과 꿈을 나눌 수 있는 사람들과 이야기를 나누며 공감받을 때 스트레스가 풀림. 감성적인 음악이나 영화 등 콘텐츠를 통해 감정을 정화하는 것도 좋음.

5. ISTJ(진지한 책임형)

(1)학습 유형의 특징: 전형적인 모범생 스타일로 볼 수 있으며 '세상의 소금형'이라는 별명처럼 어디에서든 조용하면서 원칙주의적인 면모로 안정적인 분위기를 주는 사람들임. 매사에 신중하며 책임감이 강하기 때문에 상당히 진지한 모습을 보임. 세세한 기억력 덕분에 방대한 암기량이 필요한 학습에서 매우 유리함. 필기에 집착한다든가, 자신이 익숙한 방식이라면 비효율적이더라도 끝까지 고수하는 편임.

(2)학습 의욕을 높이는 방법: 예측 가능하고 일관성 있는 환경이 중요하며 자신보다 뛰어난 학습자들과 경쟁하는 것이 도움이 됨. 충분한 시간적 여유가 보장되는 학습 환경이 필요함.

(3)학습에 방해되는 요소: 학습 속도가 느리기 때문에 주변에서 빨리 하라고 독촉하기 시작하면 매우 힘들어함. 자신의 방식을 간섭하는 사람이 나타나면 피하려 함. 상황이 자주 바뀌는 것을 싫어함.

(4)스트레스 해소법: 청소나 정리 정돈을 꼼꼼하게 하면 스트레스가 풀리는 편임. 집중하여 계획을 세우는 행동에서 스트레스를 푸는 경우도 있음. 학습자의 경우 학습 계획을 새로 짜보거나 자신의 방을 정리하는 것도 좋음.

6. ISFJ(겸손한 세심형)

(1)학습 유형의 특징: 온화하고 심성이 착하면서도 책임감이 강한 사람들임. 매사에 진지하고 행동 패턴이 거의 일정하며 매우 꼼꼼하게 학습을 함. 규율에 매우 순응하며 남에게 피해를 주는 면이 없고 겸손하기 때문에 주변 학습자들에게 편안한 분위기를 만들어 줌. 거만하거나 자기주장이 강한 친구들에게 매우 스트레스를 받아 정서적으로 흔들릴 수 있음. 세세한 필기에 집중하기 때문에 필기하느라 오히려 강의 내용을 놓치는 경우가 있음.

(2)학습 의욕을 높이는 방법: 관계 지향적이기 때문에 자신을 믿고 신뢰하는 사람들의 격려와 응원이 중요함. 안정적이고 예측 가능한 환경에서 학습 효율이 올라감. 충분한 학습 시간이 필요함.

(3)학습에 방해되는 요소: 감정적으로 예민하고 과거의 상처를 곱씹으며 괴로워하기 때문에 주변에 이를 자극하는 사람들이 있어서는 안 됨. 자주 바뀌는 환경에 적응하는 것이 힘듦. 학습 속도를 빨리해야 하는 환경에서 효율이 떨어짐.

(4)스트레스 해소법: 진심으로 편하고 친밀한 사람들을 만나서 감정을 세세하게 털어놓고 대화하면 스트레스가 풀어짐. 하지만 내향적이기 때문에 먼저 적극적으로 터놓는 스타일이 아님. 주변에서 이들의 감정을 주기적으로 살펴주는 것이 필요함.

7. ENTP(활동적인 발명가형)

(1)학습 유형의 특징: 풍부한 상상력으로 새로운 일을 시도하는 발명가형임. 새로운 가능성에 예민하며, 창의적인 도전 과제가 있는 일을 좋아함. 안목이 넓고 다방면에 재주가 많음.

(2)학습 의욕을 높이는 방법: 특정한 문제를 새로운 아이디어를 통해 해결해 나가는 과정에서 의욕이 오름. 학습에 대한 충동이 한 번 생기면 매우 몰입하여 끝까지 해내는 편임. 장기적인 계획보다는 단기적인 계획과 목표를 두고 몰입하도록 유도하는 것이 좋음.

(3)학습 방해 요소: 지루한 일과의 연속일 때 전반적으로 흥미를 잃음. 권위적인 선생님이나 그러한 분위기에는 반항할 수 있음.

(4)스트레스 해소법: 두뇌를 자극하는 문제를 풀거나 게임을 통해 스트레스를 완화할 수 있음.

8. ESTJ(주도적인 관리자형)

(1)학습 유형의 특징: 자기 관리와 책임감, 추진력, 자신감이 강한 성격임. 학업에 있어서 시간/점수/스펙 등의 관리를 모두 챙김. 타고난 경쟁심으로 목표하는 바를 이루어 내는 사람들이 많음. 강인한 추진력과 안정적인 감정 제어가 가능하여, 목표가 뚜렷할 경우 장기간 집중하며 능력을 키워나갈 수 있음.

(2)학습 의욕을 높이는 방법: 도전적인 상황에서 승부욕이 발동될 수 있음. 라이벌과의 경쟁 구도도 효과적일 수 있음.

(3)학습 방해 요소: 학습 환경이나 방식이 자주 바뀌면 적응하기 힘

들어함. 계획대로 진행되지 않으면 상황을 매우 비판적으로 보며 감정적으로 화를 낼 수도 있음.

(4)스트레스 해소법: 익숙한 장소에서 좋아하는 행동을 하며 긴장을 이완하는 것이 좋음. 날짜와 시간을 정해두고 좋아하는 운동이나 게임을 한다거나, 노래나 찬양을 부르는 방식으로 에너지를 충전하는 것이 좋음.

9. ENTJ(주도적인 지도자형)

(1)학습 유형의 특징: 다른 사람들을 이끌고 나가는 리더십이 있는 사람들임. 지적 욕구가 많으며 새로운 목표를 가지고 성취해 나가는 것을 즐김. 비전을 가지고 그것을 이루기 위해 열심히 학습함.

(2)학습 의욕을 높이는 방법: 지적인 욕구가 크기 때문에 심화 강의를 들을 때 학습 의욕이 상승. 자신의 비전과 그것을 이루기 위해 필요한 공부에 대해 되새길 때 의욕이 상승함. 경쟁 구도에서 더욱 열심히 도전하게 됨. 때로는 열악한 환경이나 무시받는 상황에서 더 열정이 생김.

(3)학습 방해 요소: 감정적인 호소를 하거나 귀찮게 하는 사람이 있을 경우에 힘들어함. 권위적인 환경을 싫어하며 반항할 수 있음.

(4)스트레스 해소법: 자신의 비전과 목표를 인정해 주고 응원해 주는 사람을 통해 스트레스가 완화될 수 있음. 롤 모델로 삼을만한 유명인이나 멘토가 있는 것이 좋음.

10. INFP(느긋한 창의형)

(1)학습유형의 특징: 조용하면서도 엉뚱한 상상력으로 새로운 발상을 내는 사람들임. 내면의 신념이 강하고 숨은 열정이 있음. 다른 사람들에 대한 이해심이 넓고 관대함. 자기가 추구하는 일이나 공부에 대해서는 완벽을 추구함. 조용해 보이지만 속으로는 감정 기복이 심함.

(2)학습 의욕을 높이는 방법: 엉뚱해 보이더라도 누군가 이들의 창의적인 발상을 인정해 줄 때 의욕이 올라감. 감정 상태에 따라 학습 효율이 크게 달라지기 때문에 주변에 불편하게 하는 사람이 있으면 안됨. 학습 방법을 짜는 것에 미숙한 편이라 그 부분을 도와주면 좋음.

(3)학습에 방해되는 요소: 타인의 감정에 매우 예민하기 때문에 주변에 비판적인 사람이 있으면 매우 상처받음. 충동 제어가 약하기 때문에 너무 자율적인 환경에서 공부하다 보면 점점 늘어짐. 주의가 산만하므로 주변 공간에 집중을 방해하는 것들이 없어야 함.

(4)스트레스 해소법: 창의적인 콘텐츠를 보면 스트레스가 풀림. 자신의 감성을 충족해 줄 수 있는 문화 활동 등의 방법이 필요함.

11. INTP(논리적인 사색가)

(1)학습 유형의 특징: 감각적인 환경에 영향을 받지 않고 좋아하는 주제에 몰입하는 스타일이 많음. 다른 사람과의 상호작용을 귀찮아함. 좋아하는 과목과 그렇지 않은 과목 간에 집중력의 차이가 크게 나타남.

(2)학습 의욕을 높이는 방법: 자신이 깊이 탐구하고 싶어 하는 주

제부터 몰입하여 공부하기 시작하면, 집중력이 높아지고 집중시간이 길어짐. 전체적인 맥락이 갖추어진 내용을 공부할 때 학습의 흥미를 느낌.

(3)학습 방해 요소: 권위적인 선생님이나 비합리적인 규칙을 싫어함. 잔소리나 주변의 관심을 싫어함. 공부하는 목적이 해당 주체 자체를 탐구하는 것에 있기 때문에, 몰입은 잘하는 편이지만 결과는 좋지 않을 수 있음.

(4)스트레스 해소법: 좋아하는 분야에 대해 인터넷으로 정보를 찾아보며 습득하거나 세세하게 정리하면서 수집하는 행동 등을 통해 스트레스를 해소할 수 있음.

12. ENFP(활동적인 천재형)

(1)학습 유형의 특징: 어린이와 같은 순수함과 낙천성을 가진 성격임. 창의적이고 새로운 가능성을 좋아하기 때문에 다양한 활동을 선호함. 마무리가 약하다는 단점이 있으며 자신에 대해 긍정적인 자신감을 가지고 있음.

(2)학습 의욕을 높이는 방법: 항상 응원하고 격려하는 사람이 주변에 있어야 함. 좋은 관계를 맺고 난 후 이들이 힘들어하는 부분에 대해 현실적인 조언을 해 줄 때에 공부에 집중하게 됨. 자신을 믿어주는 주변 사람들의 기대에 부응하고자 하는 욕구가 강함.

(3)학습 방해 요소: 집중을 방해하거나 상상력을 자극할 수 있는 요인을 제거해야 함. 감정이 예민하기 때문에 주변에 불편한 사람이 있으면 안 됨. 적당한 긴장이 유지되는 공간에서 공부해야 함.

(4)스트레스 해소법: 간접적인 문화 예술 콘텐츠를 통해 감정을 해소하는 것을 추천함. 사람을 만나는 것도 좋지만 예민하기 때문에 도리어 스트레스를 받고 돌아올 수도 있음.

13. ESTP(활동적인 자극 추구형)

(1)학습 유형의 특징: 재미를 추구하며 힘든 일이 있어도 쉽게 해결하는 재능을 가지고 있음. 예민한 감각으로 외부 세상을 편견 없이 받아들이고 인식하는 사람들임. 자극에 민감하여 충동적인 행동을 하는 경향이 있음. 시간 관리에 실패하여 결과가 좋지 않은 경우가 있음.

(2)학습 의욕을 높이는 방법: 자신 있고 잘하는 주제부터 시작하여 자신감을 높이고, 학습에 대한 흥미를 잃지 않는 것이 중요함. 충동성을 억제하기 위해서는 계획을 세우고, 최소한 달성해야 하는 목표치는 반드시 달성하도록 노력해야 함.

(3)학습 방해 요소: 충동적이기 때문에 충동을 자극하는 요소가 주변에 있을 경우 산만해질 수 있음. 공간의 온도, 소음, 냄새 등에 예민하게 반응함.

(4)스트레스 해소법: 가만히 앉아 있는 것이 힘들 수 있기 때문에, 틈틈이 운동하거나 밖에 돌아다니는 것으로 주의를 환기시킴. 예민한 감각과 분석력을 사용하여 전략 게임을 하며 몰입하다 보면, 한결 스트레스가 풀릴 수 있음.

14. ESFP(활동적인 사교형)

(1)학습 유형의 특징: 사교적이고 최고의 친화력을 가진 밝은 사람들임. 사람들의 기분이나 상태를 빠르게 파악하는 능력을 갖추고 있음. 예민한 감각/감정 때문에 스트레스가 많은 편이고, 이를 가까운 사람들에게 짜증으로 표출할 수 있음. 친구 관계를 중요시하기 때문에 학업에 지장이 생기는 경우가 있음.

(2)학습 의욕을 높이는 방법: 관계 지향적이기 때문에, 함께 공부하는 친구들과의 즐거운 분위기에서 학습 의욕이 올라감. 서로 칭찬하고 격려하는 과정에서 의욕이 생겨남. 처음에는 쉬운 수준부터 시작하여 자신감이 높아질 때 더 열심히 함.

(3)학습 방해 요소: 감정적/감각적으로 예민하기 때문에, 학습 환경에서 감정을 거슬리게 하는 요소가 없어야 함. 경쟁에 노출되면 회피하는 성향이 강함. 관심을 끄는 흥미 거리가 생기면 충동적으로 행동할 수 있음.

(4)스트레스 해소법: 드라마/소설 등을 보면서 감정을 이입하고 해소할 때, 스트레스가 풀릴 수 있음. 감정을 리프레시할 수 있는 친목 모임을 통해 스트레스를 해소함.

15. ISTP(초연한 만능 재주꾼형)

(1)학습 유형의 특징: 조용히 주변 사건/사물을 관찰하면서 핵심을 논리적으로 꿰뚫어 보는 시각을 가지고 있음. 직접 손으로 기계/도구를 조작하고 다루는 일에 재능이 많음. 핵심 파악을 잘하며 상황에 맞

취 대처하는 능력이 뛰어나서, 배운 학습 방법을 자기에게 잘 맞게 응용함. 계획성이 부족할 수 있으며 시간 관리에 어려움을 겪을 수 있음.

(2)학습 의욕을 높이는 방법: 뛰어난 응용력을 인정받을 때 학습 의욕이 올라감. 쉬운 것부터 시작해서 점진적으로 목표를 상향 조정함.

(3)학습 방해 요소: 감정적으로 부담을 주는 사람이 있을 경우, 매우 스트레스를 받음. 압박감을 느끼는 경쟁적인 환경에 노출되었을 때 스트레스가 심함. 예민한 감각을 지니고 있어 온도, 소음 등에 예민함.

(4)스트레스 해소법: 손재주가 좋고 감각이 뛰어나기 때문에 신체 활동을 통해 무언가 만든다거나, 악기 연주, 동작이 큰 운동 등으로 신체를 자극하여 스트레스를 해소하는 것이 좋음.

16. ISFP(온화한 재주꾼형)

(1)학습유형의 특징: 대체로 조용한 모습이지만 친해지고 나면 밝고 온화한 사람들임. 큰 욕심이 없다 보니 공부에도 무관심한 경우가 있음. 자신감이 없는 편이라 자기 능력에 대해 저평가하는 경향이 있음. 성격이 느긋하기 때문에 진도에 뒤처질 수 있으며 외부 자극에 예민하여 학습 환경과 신체 컨디션에 따라 학습 효과가 크게 차이 날 수 있음.

(2)학습 의욕을 높이는 방법: 자신에게 호의적이고 편안한 사람이 많을 때 학습 의욕이 올라감. 쉬운 문제부터 시작하여 자신감을 올리는 것이 좋음. 자신의 마음에 공감해주는 사람이 있다면, 그 사람의 기대에 어긋나지 않으려고 열심히 함. 코치의 동기부여가 중요한 유형임.

(3)학습 방해 요소: 경쟁적인 분위기를 힘들어하여 조용히 이탈할

수 있음. 감정적으로 상처받으면 학습 의욕이 저하됨. 편한 장소에서는 나태해질 수 있으므로 적당한 긴장감이 필요함.

(4)스트레스 해소법: 게임이나 운동, 악기 연주 등 신체 활동을 통해 감정을 해소하는 것이 좋음.

2
실력+인성+영성을 조화롭게

한국교회 100주년 기념교회를 담임하셨던 이재철 목사님은 그의 설교에서 크리스천들이 세상에서 빛과 소금의 역할을 감당하려면 3가지를 갖추어야 하는데 그것은 바로 실력과 인성, 영성이라고 하셨다. 사실 이 세 가지 요소는 이재철 목사님뿐만 아니라 많은 기독대안학교에서도 중점 키워드로 정해 강조하고 있는 핵심 가치이다. 실력만 갖추고서는 타락한 히틀러가 될 수도 있고, 영성만 가지고서는 크리스천이 세상을 섬길 수 있는 도구가 아무것도 없는 삶으로 전락해 버릴 수 있다. 그리고 실력과 영성을 갖추고 있다 해도 인성이 바르지 못하면 어떤 일을 오래 지속하지 못하고, 일을 하다가 주변 사람들을 다 떠나보내기도 한다. 따라서, 실력과 인성, 영성 모두를 조화롭게 갖춘 크리스천이 되는 것이 중요하겠다. 이번 장에서는 이 세 가지 중요한 교육 가치에 대해 논의해 보고자 하는데, 먼저 실력(전문성) 교육에 관해 알아보고자 한다.

실력(전문성) 교육의 중요성

　세상에서 뛰어난 실력(전문성)을 갖추는 것은 정말 중요한 일이다. 오진을 수시로 하는 의사, 아이들 앞에만 서면 긴장이 돼 못 가르치는 교사, 자동차에 어디가 고장 난지 정확히 알지 못하고 엉뚱한 곳을 수리하는 차량 엔지니어를 생각해 보았는가? 생각만 해도 끔찍하다.

　그런데 우리의 자녀가 커서 그렇게 전문성 없이 일을 하고 있다면? 그 자녀는 아무런 경쟁력도 갖추지 못한 사람이 될 것이다. 사람들이 찾지 않기에 세상을 섬길 기회조차 없을 것이다. 오죽하면 실력이 별로 안 좋지만 신실한 크리스천에게 진료받을 것인지, 크리스천은 아니지만 명의라고 소문난 의사에게 진료받고 싶은지 사람들에게 물어보면, 백이면 백 "나는 크리스천이 아니더라도 명의에게 진료받고 싶어"라는 말을 할까.

　위대하게 쓰임 받은 하나님의 사람들을 보면 자신이 하는 일에 뛰어난 실력을 나타내었음을 볼 수 있다. 어떤 이들은 비록 제대로 된 정규 교육을 제대로 받지 못했음에도 자신의 일에 있어선 뛰어난 전문성을 나타내었는데, 그들 중에는 19세기 위대한 전도자 드와이트 무디가 있다.

　그는 초등학교 5학년 때 아버지가 사고로 별세하면서 어린 나이임에도 가족의 생계를 위해 농장에서 일을 해야 했다. 그래서 무디가 제대로 된 정규 교육을 받은 것은 초등학교 5학년까지였고, 죽을 때까지 별도의 중·고등 교육을 받지 않았다. 하지만, 17세 때 보스턴에 있었던 삼촌의 양화점에서 구두를 판매하며 말로 사람들을 설득시키는 훈련을 하게 되었고, 이때의 화술은 나중에 그가 전도자로 헌신하여 영국과 미 전역을 돌아다니며 전도자의 사명을 감당할 때 큰 도움이 되었다.

그의 설교를 들었던 사람들은 그의 단순하지만 심령을 꿰뚫는 말씀 선포에 주님께로 회심했고, 성령님은 그의 말씀 선포에 역사하셨다. 그의 설교는 아주 열정적이었으며 대중적인 언어를 사용하여 청중들이 쉽게 이해할 수 있도록 설교했다. 그는 자신의 업이었던 설교에 있어서 뛰어난 실력자였다.

미국에서 백화점을 처음 만들었던 백화점 왕 존 워너메이커 역시 장사에 있어서 남다른 수완을 보였던 신앙인이었다. 그는 가난한 벽돌공의 아들로 태어나 초등교육밖에 받지 못했지만 열세 살 때 서점 점원, 옷가게 점원으로 시작해서 자수성가했다.

세계 최초로 상업광고를 시작한 그는 1861년에는 필라델피아에서 남성 의류점을 열고 매우 독특한 아이디어와 광고 기법을 동원해 사업을 확장시켜 나갔다. 당시에는 언론매체를 이용해 광고를 한다는 것은 누구도 상상하지 못했던 일이었는데 그는 사업 초기부터 광고의 중요성을 깨닫고 이색적인 홍보활동을 했다. 그의 독특하고 창의적인 홍보활동으로 인해 그의 백화점은 당시 미국에서 가장 큰 백화점으로 성장할 수 있었고, 오늘날 사람들은 존 워너메이커를 가난의 고통 속에서도 절망하지 않고 끊임없이 아이디어를 창출해 현대적 비즈니스의 모델을 제시한 개척자이자 모범적인 실천가로 평가한다. 그는 장사에 있어서 실력자였던 것이다.

대한민국 학부모들에게 자녀들의 실력을 키워주라고 하면 수학 실력, 국어 실력을 떠올릴지 모르겠다. 물론 수학과 국어 실력도 중요한 실력이다. 하지만 그것들만 생각해서는 안 된다. 자녀들이 세상 속에 들어가 본업이 생겼을 때 정작 필요한 실력은 따로 있기 때문이다. 영업사원이라면 영업하는 실력, 간호사라면 간호하는 실력, 회계사라면 기업의 복잡한 회계장부를 볼 수 있는 실력, 컴퓨터 프로그래머라면 코딩하는 실력 등 보다 세분화된 직업의 영역으로 들어가면 구체적이고 실제적인 실력이 필요하게 된다.

　그럼 현재 공교육 전문가들이 미래 사회를 살아갈 학생들에게 습득하기를 강조하는 실력에는 어떠한 것들이 있을까? 2022년 개정 교육 과정에 보면 실력이라는 말 대신, "역량"이라는 용어를 사용한다. 미래 사회를 살아갈 학생들에게 필요한 역량, 곧 실력을 갖추게 해야 한다는 것이다. 4차 산업혁명 시대를 살아가려면 아이들에게 다양한 역량이 필요하겠지만, 최근 한국과 미국 공교육 과정의 경우 **4C 역량**을 강조하며 초·중·고등학교 교육과정에 이를 반영하고 있다.

　여기서 4C란 Critical Thinking(비판적 사고력), Creativity(창의력), Communication(의사소통 능력), Collabolation(협업 능력) 이렇게 C로 시작하는 4가지 능력을 말한다. 한국 교육과정 안에서는 이 4C가 몇 가지 과목 안에 수십 가지의 역량 중 일부로 표현되어 있을 뿐 그 중요성이 충분히 주목받지 못해 여기서 강조해 나누고자 한다.

4C 미래 역량을 갖추라

자녀들이 미래 사회에 필요한 역량을 갖추게 하기 위해선 첫째, 비판적 사고(Critical Thinking) 능력을 키워주어야 한다. 학교에서는 1대 다수로 가르치다 보니 강의식 수업을 하며 정답이 정해져 있는 내용들을 가르치는 경우가 많다. 이런 방식의 교육은 학생들에게 생각할 여유를 충분히 주지 않고, 단편적인 지식만 습득하게 할 문제점을 안고 있다. A가 정답이라면 왜 A가 정답이 되었는지, B는 정답이 될 수 없는지 대화하고 질문하며 토론해 보는 시간이 많지 않은 것이다. A가 정답이라는 사실만 알고 사회에 진출하는 학생과, A 말고 B도 답이 될 수 있고, 새로운 대안인 C도 될 수 있겠다는 사고를 할 수 있는 학생 중, 누가 급변하는 사회 속 문제 상황 속에서 유연하면서도 다양한 답변을 내놓을 수 있을까? 바로 후자의 학생일 것이다. 우리는 자녀들을 이렇게 다양한 아이디어를 내놓을 수 있는 아이들로 키워야 할 것이다. 현실을 비판적으로 바라보며, 보다 나은 대안을 제시할 수 있는 사람들로 키워야 할 것이다.

그러기 위해선 한 가지 답만 외우게 하는 주입식 공부에서 벗어나, 비판적 사고력을 키울 수 있는 다른 방식의 학습이 필요하다. 예를 들어, 여러 답변이 나올 수 있는 토의토론식 학습, 프로젝트 기반 학습(학생들이 실제 문제를 해결하는 프로젝트를 통해 다양한 답을 찾게 하는 학습), 질문 주도 학습(학생들이 스스로 질문을 만들고 그 질문에 대한 답을 찾아가는 방식의 학습), 생각의 확장기법(SCAMPER, 문제를 다른 관점에서 보거나, 기존 아이디어를 변형시키는 방식으로 새로운 아이디어를 창출하게 유도하는 방식) 등을 활용해 볼 수 있다.

둘째, 창의력(Creativity)을 지닌 아이로 키워야 한다. 창의력은 결국 비판적 사고력에서 나온다고도 볼 수 있다. 기존의 것을 답습하는 것이 아니라 기존의 것과 차이가 있는 무엇인가를 만들어 내려면 다르게 생각해야 하기 때문이다.

나는 기존의 것과는 다른 무언가를 창조해 낼 수 있는 능력이 우리들에게 존재한다고 믿는다. 왜냐하면 인간은 창조주 하나님을 닮았기 때문이다. 인류는 그렇게 새로운 창조물들을 계속해서 만들어오지 않았는가? 자동차나 스마트폰과 같은 인류에게 엄청난 편의를 가져다준 놀라운 창조물들을 만들어내고, 입이 떡하니 벌어질 정도의 웅장한 건축물들과, 경이로울 만큼 다채로운 세상의 여러 모습들을 표현한 미술 작품들을 보면 그 어느 것 하나 창의적이지 않은 것이 없다. 창의적인 것들은 오래 남는다. 그리고 세상에 놀라운 변화를 가져다준다.

내가 가르쳤던 아이들 중 창의력을 지닌 아이들은 같은 과제가 주어졌어도 내가 보여주는 예시 결과물대로 해내는 법이 없었다. 창의적인 아이들은 예시 자료에 자신의 개성이나, 좋아하는 컬러나, 다른 형태의 무언가를 꼭 집어넣어 "차이가 있는" 과제를 만들어 제출했다. 예를 들면, 컵 받침대를 만들더라도 다른 지지대를 첨가해 더 효과적으로 만들어 내거나, 콩트를 연출할 때도 눈에 띄는 대사들과 독특한 촬영 방식들을 제안했다. 그들의 번뜩이는 아이디어들과 창의력은 선생님과 아이들을 모두 '우와' 하게 만들었고, 다음번 작품을 기대하게 만들었다.

이와 같이 자녀들의 창의력이 발현되기 위해선 자녀들이 창의력을 발휘할 수 있는 기회들을 제공해야 한다. 보통 무엇인가 만들어보고, 생각해 보고, 체험해 보는 활동들은 창의력을 발휘할 수 있는 기회들을 제공한다. 동시에, 독서 또한 아이들의 상상력을 자극하며 창의력을 키울 수 있는 매우 좋은 활동이다. 우리 자녀들의 창의력이 많이 개발되어 창조주 하나님의 아름다움을 더욱 세상에 나타냈으면 좋겠다.

세 번째, 의사소통 능력(Communication)을 지닌 아이로 키워야 한다. 의사소통 능력이라 하면 '그냥 대화할 줄 아는 능력 아닌가?'라고 단순하게 생각할지도 모르겠다. 하지만 의사소통 능력은 자신이 생각하는 것을 다른 사람들과 적절하게 소통하여 자기 아이디어를 현실화할 수 있는 데까지 나아가는 능력이다. 그러기 위해선 자신의 창의적 생각을 다른 사람들에게 효과적으로 알릴 수 있는 표현력과 언어 구사력을 지녀야 하고, 상대방을 설득할 수 있는 기술이 있어야 한다. 그리고 상대방의 말을 경청할 수 있는 태도 또한 갖추어야 한다. 이러한 복합적인 스킬들이 합쳐진 것이 바로 의사소통 능력이다.

훌륭한 리더들은 바로 이런 의사소통 능력을 지니고 있는데 그들 중 대표적인 인물로 미국의 케네디 대통령이 있다. 그는 1961년에 "국가가 당신에게 무엇을 해줄 것인가를 묻지 말고, 당신이 국가를 위해 무엇을 할 것인가를 물어보라"는 연설로 당시 국민들의 애국심을 고취시켰다. 이 연설은 간결하면서도 명확한 메시지로 국민들의 마음을 움직였으며, 미국이 세계 최강의 국가로 발전하는 데 큰 지렛대 같은 역할을 했다.

마틴 루터 킹(Martin Luther King Jr.) 목사는 1963년에 "나에게는 꿈이 있습니다"라는 연설로 인종차별을 극복한 세상을 만들기 위한 꿈을 제시했다. 이 연설은 전 세계적으로 큰 감동을 불러일으켰으며, 미국의 인권운동을 발전시키는데 큰 모멘텀을 제공했다. 이렇게 대중들을 향한 훌륭한 의사소통 능력은 사회의 중요한 이슈가 있을 때, 국민들이 따를 만한 나침반을 제공할 수 있다.

기업인들 중 애플의 창업자 고 스티브 잡스도 뛰어난 프레젠테이션 능력으로 유명했다. 그는 간결하면서도 명확한 메시지와 함께 제품의 기능과 디자인을 효과적으로 전달하여, 애플의 제품이 전 세계적으로 인기를 끌도록 대중들을 설득했다. 전력, 항공, 운송, 헬스케어, 금융서비스 등 다양한 재화와 서비스를 제공하는 제네럴 일렉트릭(GE)의 잭 웰치 전 GE 회장도 의사소통 능력이 뛰어난 경영자로 유명했다. 그는 회사 경영시 직급이 낮은 직원들과 직접 대화를 나누며, 그들의 의견을 적극적으로 수렴하는 경청하는 리더였다. 그는 자신의 생각을 명확하게 전달하고 직원들의 동기부여를 이끌어내는 의사소통 능력이 뛰어났던 재계의 리더였다.

이처럼 사회에 사회에 큰 영향력을 미쳤던 리더들을 보면, 훌륭한 의사소통 능력을 지니는 것은 개인의 성장뿐만 아니라 기업과 국가 발전에도 크게 이바지할 수 있음을 보여준다. 이렇게 의사소통 능력은 일상생활뿐만 아니라, 직장이나 공공의 영역에서도 큰 영향력을 발휘하며 미래 리더로서 지녀야 할 가장 중요한 역량 중에 하나인 것이다.

네 번째, 우리 아이들을 협업 능력(Collaboration)을 지닌 아이로 키워야 한다. 요즘에는 프리랜서들이 많아지고 1인 사업자들도 많이 생겨났다고는 하지만, 일이나 사업이 조금만 커져도 여러 사람이 달라붙어서 해야 하는 일들이 태반이다. 작은 회사라도 들어가게 되면 상하 직급이 존재하고, 전혀 모르던 사람들과도 소통하며 일을 해야 한다. 이때, 같이 일하기 위해서는 상대방을 배려하고 의견을 나누며 상대방에 맞추어 가며 일하는 방법을 알아야 하는데, 협업 능력이 없다면 타인과 함께 일할 수가 없게 된다. 이기적으로 자기만 아는 사람, 자기 일만 챙기는 사람, 소위 직장 내에 블랙리스트(?)로 불리며 다른 직원들이 함께 일하기 꺼리는 사람은, 이러한 협업 능력이 결핍된 사람이라고 볼 수 있다.

현대사회에서는 이 협업 능력이 어느 때보다 더 중요하다. 서로의 의견을 존중하고, 서로의 역할을 분담하여 협업하는 가운데 업무를 보다 효율적으로 수행할 수 있기 때문이다. 협업을 통해 업무 시간을 단축하고, 업무 성과를 향상시킬 수도 있다. 협업은 조직의 문제 해결 능력을 키우는 데도 도움이 된다. 팀원 간에 아이디어를 공유하고 공동으로 해결책을 찾을 때 혼자서는 풀 수 없는 문제들이 풀리기 때문이다. 앞으로 다가올 미래 사회에서도 협업 능력을 지닌 사람은 어느 조직에서나 필요한 인재상이다. 삼성, 구글, 아마존 등 굵직한 대기업들이 이 협업 능력을 사원들이 지녀야 할 핵심 가치로 지정한 것은 결코 우연이 아닐 것이다.

4C에 1C 더하기

세상의 뛰어난 교육 전문가들과 미국을 포함한 우리나라 교육과정은 위와 같이 4C(비판적 사고력, 창의력, 의사소통 능력, 협업 능력)를 미래 사회를 살아가기 위한 핵심 역량으로 지정했다. 여기에 더해서 필자는 크리스천으로서 4C에 1C를 추가해야 한다고 생각하는데, 이 1C는 바로 공동체성(Community)을 의미한다.

팀 켈러(Timothy J. Keller) 목사는 자신의 저서 [하나님을 말하다]에서 현대인들에게 결여된 공동체성을 지적한다. 인간은 혼자 살 수 없고 공동체성을 지닌 존재로 창조되었지만, 지나친 개인주의와 실용주의를 추구하는 현대인들은 소속감을 원하긴 하되, 어디에든 속하지는 않으려는 모순적 특성을 보인다는 것이다.

공동체에 속하기 위해서는 자신이 상대방에게 맞춰주고 양보해야 하는데, 그것이 귀찮고 어려우니 아예 공동체에 속하고 이바지하기를 포기해 버린다. 그 결과 현대인들은 더 외롭고 고립되어 하나님이 주시는 공동체성의 행복을 누리지 못하고 있는 것은 아닐까?

그래서 우리 크리스천들은 의도적으로라도 건강한 공동체, 곧 교회에 속하여 다른 크리스천들을 격려하고 세우며 섬길 수 있는 사람이 되어야 하겠다. 단순히 협업하는 것을 넘어 스스로, 의도적으로 공동체 안에서 살아가는 삶을 추구하는 존재가 되어야 한다. 왜냐하면 하나님이 삼위일체 하나님으로서 공동체를 이루고 계시고, 우리 또한 그러한 존재로 창조하셨기 때문이다. 그래서 우리 크리스천들은 세상을 살아갈 때 결코 혼자서 살아가려고 하면 안 된다.

직장에서도 천상천하 유아독존이 되어서는 안 된다. 우리와 우리 자녀들은 공동체성을 갖추어 교회와 세상 속 자신이 속해 있는 기관과 조직들을 살리고 함께 살아가는 사람이 되어야 한다. 모든 크리스천들은 세상 '속'에 빛과 소금으로 부름받은 자들이기 때문이다.

3
인성이 훌륭한 아이로 키우기

최근 인성교육의 중요성이 나날이 커져가고 있다. 각종 뉴스와 미디어 매체들을 통해 보도되는 어린이·청소년들이 저지르는 잔인한 폭행과 협박, 강간, 갈취 등의 범죄들, 높아져만 가는 아동 범죄율은 이 시대에 참된 인성교육의 필요성을 더욱 부각시킨다. 사회생활을 해봐도 금방 알 수 있는 것이 "저 사람은 인성이 참 좋아", "저 사람 성격이 참 좋네"라며 인성 좋은 사람들은 어딜 가나 칭찬받고 환영받는 것을 볼 수 있다.

예수님께서도 마태복음 5장 14절-16절에서 "너희는 세상의 빛이라...너희 빛이 사람 앞에 비치게 하여 그들로 너희 착한 행실을 보고 하늘에 계신 너희 아버지께 영광을 돌리게 하라"라고 말씀하시며 "착한 행실"을 말씀하셨는데 이러한 착한 행실은 결국 좋은 인성(사람의 성품)을 바탕으로 나오게 되니 인성 교육이 정말 중요하지 않을 수 없다. 그러면 인성이란 무엇이고, 좋은 인성을 갖춘다는 말은 어떤 의미일까?

인성의 의미

개인적으로 〈좋은나무성품학교〉 운동을 하시는 이영숙 박사님의 정의를 좋아한다. 이영숙 박사님은 "인성(성품)이란 우리의 생각, 감정, 행동들을 총체적으로 표현하는 모든 것"이라고 말한다. 나를 통해 표현되는 생각과 말, 감정, 행동들이 모두 나의 인성을 의미한다는 것이다. 그리고 좋은 인성이란, "우리의 생각, 감정, 행동의 영역에서 창조자 되신 그분을 닮아 따라가는 삶"이라고 정의한다. 크리스천들에게 좋은 인성을 가졌다는 것은 결국 "예수님을 닮은 사람"이라는 뜻이다.

좋은 성품을 갖춘 사람은 삶의 풍랑을 만날 때 대응하는 방식이 다르다. 고난 중에서도 긍정적으로 살아갈 수 있고, 위기 속에서도 희망을 볼 수 있다. 좋은 성품을 지닌 사람은 삶의 어려운 역경의 파도가 다가오면 오히려 그 파도를 타고 넘어설 수 있는 사람이다. 이 시대에도 좋은 성품을 지닌 사람은 어디를 가나 환영받는다. 그를 통해서 선한 영향력이 조직과 공동체에 끼쳐지기 때문이다. 공동체를 살리고 조직의 분위기를 생기 있게 바꾸는 사람들은 대개 좋은 성품을 지닌 사람들이다. 그렇다면 우리 자녀를 좋은 성품을 지닌 예수님 닮은 자녀로 키워내기 위해서 부모로서 할 수 있는 일은 어떠한 것들이 있을까?

❶ 행복한 기억 많이 만들기

자녀가 좋은 기억, 행복한 추억을 많이 가질 수 있도록 키워야 한다.

사람의 기억은 그 사람의 행동과 삶 전반에 영향을 미친다고 해도 과언이 아니다. 내가 아는 한 지인은 과거에 아버지로부터 매일 폭행당하고 욕을 들었던 기억들이 자신을 자꾸 괴롭혔다고 나눈 적이 있다. 평소 자신의 아버지가 "너는 그 꼬락서니가 뭐냐?", "네까짓 것이 뭘 한다고"라는 부정적인 말을 많이 해서 자신은 자신감을 잃었고, 스스로를 그러한 부정적인 말속에 가두어 버렸다고 한다. 그래서 어떠한 일을 잘할 수 있었음에도 시도조차 하지 않았고, 자신은 늘 눌려서 살았다고 고백했다.

참으로 안타까웠던 사연이었지만 지금은 주님의 은혜로 많이 회복되어 모든 일에 긍정적으로 살려고 하며, 주님이 주시는 풍성한 삶을 누리고 있다고 간증했다. 하나님을 만나 변화된 지인의 간증은 참으로 은혜로웠지만, 애초에 그러한 부정적인 경험이 없었다면 얼마나 좋았을까? 우리는 부모 된 자로서 자녀들에게 할 수 있는 한 긍정적인 믿음의 말을 선포해줘야 할 것이다.

이 글을 쓰기 며칠 전 5학년인 우리 반 아이들을 대상으로 스스로를 귀하다고 여기며 자신을 존중할 수 있는 학생들은 손을 들어보라고 했다. 놀라운 결과는 1/3 가량의 아이들이 손을 들지 않았다는 점이었다. 손을 들지 않은 학생들을 보니 겉으로는 그렇지 않아 보였는데, 다들 마음의 자존감이 많이 낮아져 있었다. 그 이유를 들어보니 해당 학생들은 가정에서 학업 때문에 "너는 이것도 못 하니?", "수학에서 이런 걸 틀리다니 정말 한심한 애로구나", "이 영어단어도 몰라?"와 같은 부정적인 말을 부모한테서 듣고 있었다. 부모들은 자녀에게 공부를 더 잘하라고 채찍질 한 것이었지만, 그러한 부정적인 말이 자녀에게 독이 되고 있는 줄은 전혀 알지 못했다. 지금 이 책을 읽는 가정에서는 자녀가 시험문제를 몇 개 더 틀린다고 해서, 그 아이의 존재 자체가 부정당하는 일은 결코 없어야 할 것이다.

이렇게 사람이 겪었던 경험과 지닌 기억은, 사람의 행동과 삶에 큰 영향을 미친다. 뇌과학적으로 보면 인간의 기억이란 뇌 신경세포(뉴런)의 네트워크인 신경회로에 저장된 정보라고 말할 수 있다. 신경회로에 저장된 정보들은 우리가 삶을 살아갈 때 재생되기도 하고 새로운 정보가 들어오면 기존 정보와 새로운 정보를 연결시키기도 한다. 그래서 책을 많이 읽고 경험이 많아질수록 뇌의 신경회로들은 더 많이 뻗어나가고 복잡해진다.

그런데 신경회로에 남아있는 정보들이 부정적이라면 해당 기억이 몸을 경직되게 만들고 분노를 일으키거나 우울감을 가져다주기도 한다. 반대로 좋고 행복한 기억들이 많다면, 그 기억으로 인해 미래에도 긍정적인 생각과 감정, 행동들을 하게 된다. 좋고 행복한 기억은 역경이 닥칠 때 그것을 이겨낼 수 있게 하는 힘이 되는 것이다. 이렇게 사람의 기억은 곧 그 사람의 성품(생각, 감정, 행동)에 영향을 미친다. 따라서 우리는 할 수 있는 한 자녀들이 부모와 세상에 대해 따뜻하고 행복한 기억을 많이 가질 수 있도록 좋은 추억들을 많이 만들어 주어야 한다.

❷ 하나님의 가치 전수하기

자녀가 좋은 성품을 갖게 하기 위해서는 자녀가 세상 가치가 아닌 하나님의 가치를 가지고 살게 해야 한다. 우리는 인생 속에서 선택의 기로의 놓일 때가 많이 있다. 그럴 때, 우리 크리스천들의 선택의 기준은 바로 하나님의 말씀, 하나님의 가치가 되어야 한다. 하지만, 살다보면 그러한 기준이 흔들리거나, 아예 기준이 세팅조차 되지 않아 어려움을 겪는 경우가 종종 있다. 함께 다음의 사례를 살펴보며, 삶 속에 하나님의 가치가 우선된다는 것이 어떤 것인지 생각해 보자.

중간고사를 앞에 둔 고2 자녀의 학원에서 주일 아침부터 저녁까지 중간고사 특강을 해준다고 생각해 보자. 이 특강은 학생들 사이에서 시험문제를 잘 찍어준다고 소문난 족집게 강의이다. 지금 당신과 당신 자녀는 선택해야 한다. 당신은 자녀를 주일 예배 대신 학원에 보낼 것인가? 아니면 특강을 못 듣더라도 주일이기에 하나님께 예배드리게 할 것인가?

만약 이 질문에 선뜻 답변하기 어려웠다면, 자녀가 학원 가는 것과 관련한 가정의 기준을 바로 잡아야 한다. 어떤 선택이 하나님의 뜻에 부합하는지 명확한 기준이 설정되어 있지 않은 가정이라면, 시험이 코 앞이니 당연히 자녀를 학원 특강을 듣게 할 것이라고 말할 수도 있다. 그분들은 "공부하는 것이 곧 예배 아니겠어요? 예배는 다음 주에 또 드리면 되는데 특강은 딱 한 번이잖아요"라며 나름의 이유도 들 수 있을 것이다.

하지만, 성경대로 6일 동안 열심히 공부하고 일주일에 단 하루 있는 주일 회중 예배를 신령과 진정으로 드리는 것이 삶의 기준이 된 가정은 그렇게 선택하지 않을 것이다. 그들은 주일만큼은 주님을 찬양하고 예배하며, 주님의 말씀을 듣는 것을 우선순위로 하는 하루를 보내도록 할 것이다. 그리고 주님께서 축복하시는 사랑하는 가족과 다른 믿음의 형제·자매들과 함께 공동체를 누리는 행복한 시간을 갖도록 할 것이다.(주일에는 아예 공부하지 말라는 얘기가 아니다)

이렇게 삶 속에 작은 선택의 순간마다 하나님의 가치를 기준으로 판단하고 행동할 때, 우리 자녀들의 성품은 날마다 예수님을 닮아가며 신의 성품의 참여하는 자가 될 것이다. 우리 자녀들이 그렇게 살아갈 수 있도록, 평소 가정에서 하나님의 가치를 전수해 주도록 하자.

❸ 자녀가 얼마나 가치 있는 존재인지 알게 하기

자녀가 좋은 성품을 갖도록 하기 위해서는 내 자녀가 얼마나 가치 있는 존재인지 알게 해야 한다. 자신이 얼마나 귀한지 아는 사람은 다른 사람도 귀하게 생각할 수 있는 성품을 가지고 자라기 때문이다. 자신의 존재를 사랑할 수 있는 사람이 다른 사람을 사랑할 수 있는 사람이 된다.

예수님께서는 요한복음 15장 12절에서 "내 계명은 곧 내가 너희를 사랑한 것 같이 너희도 서로 사랑하라 하는 이것이라"라고 말씀하셨다. 이를 NIV 영어성경으로 보면 "Love each other as I have loved you"로 되어 있는데 예수님께서 제자들을 사랑하시는 것이 현재 완료

시제로 되어있다. 이 말은 예수님께서 제자들을 사랑하신 것은 "예전부터 지금까지 그래 왔으며, 지금도 제자들을 사랑하고 계시다는 말이다. 당시 제자들은 예수님이 이 말씀을 하셨을 때, "예수님이 나를 사랑했다고? 언제 그랬지?"라고 의문을 제기하지 않았을 것이다. 오히려 "맞아요 예수님. 주님께서 그동안 나를 이토록 사랑해 주셨죠"라고 생각했을 것이다. 제자들은 그분의 사랑을 경험했고, 알고 있었다. 예수님이 그렇게 제자들을 사랑하신 것은, 자신이 먼저 본을 보이심으로써 제자들도 이웃을 사랑하며 살도록 하기 위함이었다. 제자들은 주님으로부터 먼저 사랑받았고, 자신이 얼마나 귀한 존재이며, 계속해서 사랑받고 있다는 것을 알았다. 그러므로 제자들은 주님처럼 다른 사람들을 사랑하는 삶을 실천할 수 있었다.

우리 자녀들의 삶도 바로 제자들의 삶과 같다. 자녀들이 하나님과 부모로부터 받은 사랑과 존중은 그들이 세상에 나아가 다른 이들을 대할 때 그들의 성품과 태도로 드러나게 된다. 우리가 부모로서 "아빠는 네가 내 아들(딸)인 것이 너무나 감사하고 행복하단다"라고 자녀에게 말해 줄 때 우리의 자녀들은 그 말속에서 부모의 사랑과 존중을 느끼게 된다. 그리고 그렇게 사랑받고 존귀히 여김을 받은 자녀들은 높은 자존감을 가지고 당당하게 세상을 살아갈 것이다. 주변 사람들에게 자신이 받은 사랑을 나누는 삶을 살게 될 것이다.

❹ 혀 길들이기

부모들은 자녀들의 언어생활을 살펴보고 배려하는 말, 공감하는 말을 쓰도록 훈련시켜야 한다. 야고보서의 저자 야고보 사도는 야고보서 3장에서 혀의 사용에 대해 교회에 중요한 가르침을 전달하고 있다.

> "한 입에서 찬송과 저주가 나오는도다 내 형제들아 이것이 마땅하지 아니하니라. 샘이 한 구멍으로 어찌 단 물과 쓴 물을 내겠느냐"(야고보서 3:10-11 개역개정)

야고보 사도의 가르침처럼 우리도 자녀들이 어떻게 말하며 살아가야 하는지를 가르쳐야 한다. 상황에 맞는 은혜로운 말을 쓴다는 것은 고도의 능력이며 저절로 이루어지는 것이 아니다. 저절로 이루어지는 것이라면 왜 야고보 사도는 올바른 언어사용을 할 것에 대해 교회를 가르치려 했겠는가?

이와 같이 올바른 혀의 사용은 가르치고 훈련하여 얻을 수 있는 인격적인 결단이다. 이 말은 곧, 혀가 잘 길들여진 좋은 성품을 갖는 것은 타고난 것이 아니라 가르침과 훈련으로 얻게 된다는 말이다.

언어의 습득과 사용을 교육학적으로 살펴보면, 저명한 교육심리학자 비고츠키(Lev Vygotsky)는 인간의 언어발달이 사회문화적 환경과 밀접하게 연관되어 있다고 주장했다. 인간은 자신이 속한 사회문화적 환경 속에서 언어를 습득하는데, 환경에 따라 다른 언어를 습득할 수 있으며, 습득한 언어를 통해 사고를 조직하고 지식을 체계화한다는 것이다. 이러한 비고츠키의 언어 발달 이론에 따르면, 언어를 풍부하게 사용하는 교육 환경을 제공하면, 아이들은 더 깊이 사고하고 복잡한 개념을 이해하는 능력을 키울 수 있게 되는 반면, 언어적 상호 작용이 적은 환경에서는 아이들의 언어 발달의 기회가 사라지게 된다. 이를 가정환경에 적용해 보면, 가정에서 부모들이 쓰는 언어 습관이 자녀의 언어 발달과 습득에 지대한 영향을 미친다고 볼 수 있다. 그래서 가정에서 긍정적이고 덕을 세우는 언어 사용이 중요한 것이다.

나는 비고츠키의 주장이 설득력 있는 주장임을 특별히 학부모 상담 주간에 많이 느낀다. 아이마다 독특한 말투와 억양, 쓰는 단어들이 있는데 학부모들을 상담하다 보면 해당 아이의 학부모들이 아이와 비슷한 어투와 단어를 사용하며 말하는 것을 발견하곤 하기 때문이다. 심지어 어떤 학부모의 말투는 눈을 감고 들으면 그 자녀가 말하는 것으로 착각할 정도로 비슷한 적도 있었다! 가정 안에서 언어사용이 우리 자녀들의 언어사용에 얼마나 많은 영향을 미치는지에 관해서는 학계에서도 이미 많은 연구가 이루어져 있다.

만약 가정에서 부모들이 자녀에게 "000야 고마워", "엄마가 큰 소리 내서 미안해", "00야 사랑해"라는 말을 자주 쓰게 된다면 어떻게 될까? 자녀들은 부모로부터 자신이 사랑받고 존중받고 있다고 느낄 것이다. 동시에 부모의 그러한 사랑과 존중의 언어 습관을 배워서 세상 나아가 그와 같은 배려와 존중의 말을 쓰게 될 것이다.

내가 일했던 어느 학교의 교장 선생님이 계셨는데 교회의 장로님이 시기도 했다. 그분은 다른 교장 선생님들과는 다르게 말끝마다 "감사합니다", "참 감사한 일이네요", "정말 고맙습니다"라는 말을 꼭 붙이시는 습관을 갖고 계셨다. 함께 근무하던 선생님들은 특별히 잘한 일도 아니고 자신의 할 일을 했을 뿐인데 교장 선생님으로부터 그렇게 일해

주어서 "감사합니다"라는 말을 들으니 굉장히 존중받는 기분이 들었다. 선생님들은 상급자인 교장 선생님으로부터 자신이 인정받고 있다고 생각하게 되었고, 자부심을 느끼게 된 것이다. 그러자 해당 선생님들은 다른 학교로 전근 가실 때까지 "우리 교장 선생님은 인품이 너무 훌륭하셔!"라며 교장 선생님의 칭찬을 혀가 닳도록 했다.

이렇게 다른 사람에게 "감사합니다. 고맙습니다"와 같은 칭찬의 말, "미안합니다"와 같은 배려하는 말을 사용하는 것은, 상대방에게 자신이 존중받고 있다는 마음을 갖게 한다. 그러한 배려와 존중의 언어를 사용하는 사람은 인간관계 또한 부드럽게 잘하며 어디를 가나 환영받는다. 이들은 사람들로부터 성품이 좋은 사람이라는 칭찬을 받게 된다.

❺ 자녀는 부모의 뒷모습을 보며 자란다.

자녀가 좋은 성품을 갖기 위해선, 부모가 먼저 자녀들에게 부모의 좋은 성품을 본보기로 보여주어야 한다. 이 말은 부모들에게 굉장히 부담스러운 말이기도 하다. 자신을 보고 자녀가 따라올 수 있는 정도의 삶을 산다는 것이 어디 쉽겠는가? 하지만 부모들은 그러한 역할을 감당해야 하는 위치이다.

특히 크리스천 부모들은 자신들의 삶을 통해 예수님의 성품을 드러내는 자들이 되어야 한다. 〈좋은나무성품학교〉의 이영숙 박사님은 "어린 자녀들에게 눈에 보이지 않는 하나님을 알게 하고 이해시킨다는 것은 참으로 어려운 일입니다. 그래서 주님은 그들 앞에 부모들을 세우신 것입니다"라는 말씀을 하신 적이 있다. 모든 부모는 본인들이 원하든 원치 않든 자녀들에게 보이지 않는 하나님의 대리인 역할을 해야 한다.

옛말에 자녀들은 부모의 뒷모습을 보며 자란다고 하였는데, 이것을 증명한 교육심리학 교수가 있다. 전 스탠퍼드 대학의 저명한 교육심리학 교수 반두라(Albert Bandura, 1925-2021)는 1970년 그의 대표 이론인 모델링 이론(Modeling theory)을 발표한다. 그전까지는 학습에 있어서 자극-반응의 연합이 가장 중요하다고 여기는 행동주의 학습이론(Behaviorism learning theory)과, 인간의 기존 인지틀인 스키마에 새로운 정보가 들어와 지식이 재결합되는 과정을 중요시 여겼던 인지주의 학습이론(Cognitive learning theory)이 인간의 학습 과정을 설명하는 대표적인 이론들이었다. 이러한 기존 양강 체제의 학습 이론에 반두라의 모델링 이론은 큰 반향을 일으키며 폭발적인 반응을 얻었고, 지금까지도 학습에 있어서 좋은 모델을 정하여 배우는 것의 중요성을 깨닫게 해주고 있다.

그의 모델링 이론의 가장 큰 핵심은 사람이 다른 사람과 사회 현상을 관찰하는 것만으로도 효과적인 학습이 일어날 수 있다는 것을 증명했다는 데 있다. 가장 흔한 예로 학교에서 질서를 어겨 처벌받고 있는 학생을 보았을 때, 그 모든 과정을 지켜본 다른 학생들은 같은 실수를 범하지 않게 되는 현상을 예로 들 수 있다. 일종의 관찰 학습이 일어난 것이다. 반에서 칭찬을 받은 학생의 행동을 보고 그 학생을 따라 하는 학생들이 많아지는 것도 같은 원리이다. 지금도 우리나라에서는 피겨 스케이팅을 배우고자 한다면 김연아를, 축구를 배우고자 한다면 손흥민을 롤모델로 얘기하는 것 또한 모델링 학습의 일종이라 할 수 있다.

재미있는 건 반두라 교수가 모델링 이론을 만들기도 한참 전에, 모델링을 강조하신 분이 계셨다. 그분은 바로 하나님이시며 성경에는 그분이 모델링 학습법의 원조 이심을 보여주는 구절들이 있다.

- 히브리서 13장 7절: 하나님의 말씀을 너희에게 일러 주고 너희를 인도하던 자들을 생각하며 **그들의 행실의 결말을 주의하여 보고**
- 마태복음 5장 16절: 이와 같이, 너희 빛을 사람에게 비추어서, **그들이 너희의 착한 행실을 보고,** 하늘에 계신 너희 아버지께 영광을 돌리게 하여라.
- 스가라 1장 4절: 너희 조상들을 **본받지 말라.**
- 고린도전서 11장 1절: 내가 그리스도를 본받는 자가 된 것 같이 **너희는 나를 본받는 자가 돼라.**

이 외에도 하나님께서는 수많은 성경 구절을 통해 "좋은 롤 모델을 가지되, 불순종하는 자들의 나쁜 행실은 모델링 하지 말라" 하신다.

이러한 관찰 학습 이론에 따르면, 초등학생과 같은 어린 나이의 자녀들이 가장 많이 관찰 학습의 대상으로 삼는 이가 누구인지 아는가? 그들의 부모들이다! 비록 부모인 우리가 우리 자녀들의 롤 모델임을 스스로 인지하지 못하더라도 말이다. 반두라는 아이들이 나이가 어릴수록 자기 부모를 역할 모델 삼아 세상을 살아가며, 청소년기가 지나면서 자신이 속해 있는 그룹이나 사회 속의 능력 있고 특출난 사람들로 그 역할 모델을 옮기기도 한다고 하였다.

반두라의 모델링 이론은 지금 나의 삶에도 적용되고 있는데, 필자의 아버지는 젊어서 회사 생활도 하셨지만 30대부터 70이 넘으신 현재까지 근 40여 년간을 택시 운전을 해오시며 두 아들을 키우셨다. 30대 후반부터는 개인택시를 운영하시며 날마다 아침 6시에 일어나셔서 아침을 드시고 늦어도 오전 7시에는 택시 운전을 시작하셨는데 아침 일찍 출근하는 사람들을 태우기 위함이었다. 그렇게 일찍 일을 나가셨는데도 집에 돌아오시는 시간은 자정이 넘어서 들어오시는 게 보통이셨다. 대중교통이 끊기고 야간 택시를 이용하려는 늦은 밤 회식 손님들을 태우기 위함이었다. 그렇게 이틀을 꽉 채워 일하시고 하루는 온종일 쉬시는 3일간의 로테이션을 35년간을 반복하시며 일하셨다.

그렇게 일하시기 위해서는 보통의 부지런함이 필요한 게 아니었기에, 아버지는 내게 진정 "성실함"의 대명사셨다. 그러한 아버지의 모습을 보고 자란 나는 아버지를 닮아 시간을 허투루 쓰는 것을 별로 안 좋아한다. 일찍 자고 일찍 일어나며 미리 부지런히 일을 계획하고 추진하는 걸 좋아한다. 누군가 나에게 그렇게 하라고 명령하지 않았고 가르쳐주지도 않았음에도, 아버지의 성실함과 일에 충실하신 모습이 내게 관찰 학습이 되었던 것이다.

나의 어머님은 예수님을 믿으시기 시작한 40여 년 전부터 지금까지 주로 집에서, 때로는 교회에서 새벽기도를 드리신다. 주일을 제외하고는 하루도 빠짐없이 새벽 5시가 좀 넘어서 일어나시면, 기도하는 방에 들어가셔서 조용히 찬송가를 부르며 새벽기도를 시작하신다. 그리고 말씀을 읽으시고 남편과 자녀들을 위해, 주변 지인들을 위해, 교회, 나라와 민족을 위해 기도하신다.

나는 어머니가 그렇게 하시는 것을 초등학생 때부터 지켜보았다. 자는데 갑자기 "내 진정 사모하는 구주가 되시는 우리 예수님은 아름다

워라~" 이런 어머님의 찬송가 소리가 나지막이, 내 잠을 깨우지 않을 만큼 작은 음성으로 들려왔다. 때로는 그 음성이 내 귀에 너무나 평온한 자장가처럼 들리기도 했다. 그렇게 어머님이 날마다 드리시는 새벽기도의 모습을 보고 자란 나는 어머님을 닮아 매일 집이나 교회에서 새벽기도를 드리며 살고 있다. 어머님의 기도 생활이 나의 기도 생활이 된 것이다.

이렇게 필자의 삶이나 주변을 돌이켜보니, 자녀들은 정말 부모의 뒷모습을 바라보며 자란다는 것을 깨닫는다. 부모들이여, 자녀들에게 성품의 모범을 보이는 부모가 되도록 노력하자!

4
자녀들의 영성, 어떻게 키워줄 것인가?

앞 장에선 실력 교육과, 인성 교육의 중요성을 논하였다. 이 밖에 하나님의 자녀들에게는 더 중요한 교육이 있는데 바로 영성 교육이다.

영성이란 무엇인가?

한국의 대표적인 기독교 지도자 중 한 명으로서, 제자훈련과 영성에 대한 깊은 가르침을 주셨던 고 옥한흠 목사님은 영성을 이렇게 설명하셨다.

"영성은 하나님과 인간의 관계를 중심으로 한 삶의 방식이다. 영성은 인간의 내면에서 일어나는 하나님과의 만남과 대화를 통해 형성되는데, 하나님의 말씀과 기도를 통해 성장하며 그리스도의 인격과 삶을 닮아가는 것이다."

또 다른 기독교 지도자 중 한 분이셨던 고 하용조 목사님도 비슷한 말씀을 하셨다.

"기독교의 영성은 하나님과의 관계를 중심으로 하며 하나님을 사랑하고, 하나님과 동행하며, 하나님의 뜻을 따르는 것이다. 기독교의 영성은 그리스도의 인격과 삶을 닮는 것을 목표로 하며 그리스도의 사랑과 희생, 그리고 섬김을 본받아 실천하는 것이다."

이 두 분의 훌륭한 믿음의 선배님들의 말씀을 짧게 요약하면, 영성이란, "인간이 하나님과 교제하며 그리스도의 인격과 삶을 닮아가는 것이다"라고 말할 수 있다. 그리고 자녀들에게 이러한 영성을 교육한다는 것은 결국 자녀들이 하나님을 알게 하고, 그들에게 하나님과 교제하는 법을 알려주며, 그리스도의 인격과 삶을 닮아갈 수 있도록 도와주는 교육을 한다는 말이 된다. 성경에는 자녀 및 다음 세대의 영성 교육에 대해 강조하는 구절들이 많이 있다.

"먼 훗날 여러분의 자녀들이 이것이 무슨 돌이냐고 묻거든 여러분은 그들에게 이와 같이 설명하십시오. 이 돌들은 이스라엘 백성이 마른 강바닥을 밟고 요단 강을 건넜던 일을 상기시켜 주는 기념비란다. 우리 하나님 여호와께서 바로 우리가 지켜 보는 가운데 강물을 말리시고 우리가 다 건널 때까지 그 강물이 흐르지 않게 하셨는데 이것은 전에 여호와께서 우리를 위해 홍해를 마르게 하신 것과 같았단다"(여호수아 4:21–23 현대인의 성경)

"여호와께서 증거를 야곱에게 세우시며 법도를 이스라엘에게 정하시고 우리 열조에게 명하사 저희 자손에게 알게 하라 하셨으니 이는 저희로 후대 곧 후생 자손에게 이를 알게 하고 그들은 일어나 그 자손에게 일러서 저희로 그 소망을

하나님께 두며 하나님의 행사를 잊지 아니하고 오직 그 계명을 지켜서 그 열조

곧 완고하고 패역하여 그 마음이 정직하지 못하며 그 심령은 하나님께 충성치

아니한 세대와 같지 않게 하려 하심이로다"(시편 78:11-16 개역개정)

이와 같이 우리는 자녀들에게 영성 교육을 실천해야 한다.

자녀의 영성 교육, 어떻게 할 것인가?

필자가 50여 명의 학생들이 다니던 기독대안학교의 디렉터로 사역할 때 학생들의 영성 교육에 대해서 참 많은 고민을 했었다. 기독대안학교는 일반 공립학교나 대안학교와의 대표적인 차별점이 바로 기독교 영성 교육이기 때문이다. 이렇게 중요한 영성 교육을 위해 나는 다른 모델이 되는 기독대안학교 사례들을 살펴보고 영성 교육과 관련한 다양한 사례들을 접한 뒤, 제일 좋은 영성 교육의 방법들은 다음과 같다는 것을 깨닫게 되었다. 아래에 나눌 영성 교육의 방법들은 비단 기독대안학교에서만 사용할 수 있는 것들이 아니라 교회와 가정에서도 얼마든지 활용할 수 있는 방법들이니 자신의 환경에 맞게 적용해 보시길 바란다.

첫째, 하나님의 말씀을 공부하고 묵상하는 것이다.

하나님을 알게 하기 위해서 하나님의 말씀인 성경을 공부하고 암송하는 것보다 더 좋은 것이 있을까? 하나님이 어떠한 분이신지, 그분의 뜻은 무엇인지 직접적으로 알 수 있는 책이 바로 성경이다. 성경 외에

다른 신앙 서적들과 설교들은 보충 자료일 뿐이다. 자녀들이 직접 성경을 읽고 묵상하며 그 뜻을 이해하여 삶으로 살아내게 하는 것은 영성 교육에서 너무나 중요하다. 문제는 이 중요한 책인 성경을 어린 자녀들은 따분하고 지루한 책으로 여긴다는 점이다. 그래서 성경을 읽고 말씀을 묵상하는 것은 별도의 훈련과 습관화가 필요하다. 그리고 연령대별로 말씀을 가까이하는 방법도 다르게 접근해야 한다.

자녀가 아직 초등학생이라면 스스로 말씀을 묵상하고 삶에 적용하는 것을 기대하기에는 아직 어린 나이일 수 있다. 그래서 초등학생에게는 말씀을 떠먹여 줘야 한다. 마치 영유아 아이들은 아직 스스로 숟가락, 젓가락질을 못 하므로 부모가 이유식이나 밥을 떠 먹여주는 것과 같다. 부모나 선생님이 옆에 함께 있으면서 말씀을 먹이는 것이다. 그 방법에는 다음과 같은 것들이 있다.

- 시간을 정해 매일 말씀 1장씩 읽기: 자녀와 함께 성경을 읽을 때는 현대어체로 번역된 표준새번역 버전을 추천한다. 말씀을 읽은 뒤 읽은 말씀에 대한 간단한 설명을 이어가도 좋다.
- 하루에 한 구절 말씀 암송하기: 말씀을 암송한 뒤 저녁식사를 함께 하는 것을 가정의 문화로 습관화하는 것도 좋다. 주일 학교에서는 1주일에 2-3구절 암송 구절을 정해 암송한 것을 영상으로 보내는 챌린지를 해보는 것도 좋은 방법이다.
- 말씀 암송 대회에 참여하기: 주일 학교에서 정기적으로 말씀 암송 대회를 열고 많이 암송한 학생에게는 선물을 제공하면 학생들의 참여도를 높일 수 있다. 개교회뿐만 아니라 각 교단 차원에서도

매년 정기적으로 말씀 암송대회를 열고 있는데 전국 주일학교 성
경 고사 및 성경암송대회(장로교 통합), 맥추감사절 성경암송대회(침
례교) 등이 대표적이다.

자녀가 중·고등학생이라면 위의 방법들 외에 몇 가지 방법을 더 추
가할 수 있다. 중·고등학생들은 스스로 성경 읽기를 실천하고 다양한
신앙 서적들을 읽고 이해할 수 있는 나이이기 때문에 보다 심화된 성
경 읽기 방법들을 사용할 수 있다.

- 청소년 성경 공부 모임 참여: 교회의 오프라인 성경 공부 모임에
  참여하거나, 유튜브, Zoom(화상대화 앱), 페이스타임(아이폰)등을 활
  용한 온라인 성경 공부(묵상) 모임에 참석한다. 청소년들은 또래 문
  화가 중요하기 때문에 다른 아이들이 참여하면 자기도 따라서 참
  여하는 경향이 강하다. 사역자들에게 청소년들의 이런 성향을 활
  용한 교회 중·고등부 QT모임이나 임재적 묵상 모임을 활성화해
  보기를 추천한다.
- 성경 주석이나 설명서 활용하기: 이애실 사모의 [어 성경이 읽어
  지네], 라이프 성경단어사전, 디모데 출판사에서 출판한 [하나님
  을 경험하는 삶] 등 시중에 출판된 성경과 관련한 다양한 안내서
  들을 참고하여 성경을 읽으면 더 깊이, 입체적으로 성경을 읽을
  수 있다.
- 청소년 큐티집 활용하기: 두란노에서 출판하는 청소년 생명의 말
  씀, 큐티하는 교회로 유명한 우리들교회에서 출판한 청소년 큐티
  인 등을 활용해 날마다 큐티집으로 묵상하면 자신의 묵상한 내용

을 나중에 기록으로 남겨 다시 묵상해 볼 수 있다는 장점이 있다.

- 묵상노트 활용하기: 큐티집을 사용하지 않을 경우 개별 묵상노트를 만들어도 좋다. 성경 본문을 묵상하며 깨달은 점과 주신 마음을 별도의 노트에 적으며 읽으면 읽은 말씀을 내 것으로 만들기에 더 유익하다.

- 드라마 바이블 앱을 활용한 가족 성경 읽기: 하루 일과를 마치며 잠들기 전 가족 간의 시간을 가질 때 드라마 바이블 앱으로 함께 성경 통독하는 시간을 가지는 것이다. 가족 간의 유대감을 형성하고 자녀에게 신앙을 전수하는 기회로 삼을 수 있다. 실감 나는 성우의 목소리를 들으며 더 재미있게 성경을 읽을 수 있는 장점이 있다.

둘째, 예배와 기도이다.

여기서 예배는 준비 찬송의 개념으로 앉아서 옛 찬송가로 10여 분간 찬송을 부르고, 말씀 30분과 광고 10분을 듣는 전통적인 1시간짜리 예배를 말하지 않는다. 물론 그러한 예배도 예배이지만, 자녀들 세대는 가만히 앉아 예배드리는 세대가 아니고 예배 음악도 보다 현대적인 음악으로 예배드리기를 추구한다. 따라서, 여기서 말하는 자녀의 영성 교육을 위한 예배는 뜨거운 찬양, 기도와 함께 자녀들이 적극적 참여자로서 드리는 예배를 말한다.

다음 세대 자녀들은 스탠딩 예배, 부르짖는 기도, 율동으로 하나님께 찬양을 드리는 예배, 그렇게 찬양으로 가슴 벅찬 예배를 드리며 주님의 임재를 경험해야 한다. 그렇게 주님의 임재 속에서 예배를 드리다보면, 성령님의 역사로 자녀들이 하나님이 누구신지 알게 되는 은혜를 경험하게 되기 때문이다.

"이스라엘의 찬송 중에 계시는 주여 주는 거룩하시니이다"(시편 22:3 개역개정)

다만, 한국의 모든 교회들이 그렇게 찬양으로 가슴 벅찬 예배를 드리기에는 현실적으로 어려움을 겪고 있어 심히 안타깝다. 만약 아이들이 섬기는 교회의 예배가 옛날 찬송가만 사용하며 전통적으로 예배드리는 곳이라면 주말이나 방학 때 뜨겁게 예배할 수 있는 곳으로 자녀를 데려가 보는 것도 추천한다.

자녀의 예배와 기도 생활을 위해 가정에서 매일 혹은 매주 1회라도 가정 예배 시간을 갖는 것도 자녀의 영성 훈련을 위한 좋은 방법이다. 아침 먹기 전 새벽예배를 가정에서 갖거나, 잠자리에 들기 전 가족들이 거실 한자리에 모여 주님을 찬송하고 말씀을 통독하며, 서로를 위해, 이웃을 위해, 나라를 위해 기도하는 시간을 갖는 것은, 그 어떤 방법들보다 훌륭한 영성 교육이 될 것이다.

셋째, 부모로서 자녀 신앙생활의 기준을 올바로 세워주어야 한다.

이것을 다른 말로 말하면 삶의 우선순위를 잘 세우도록 자녀를 코치해주는 것을 말한다.

필자의 경험을 나누자면, 딸이 초등 5학년 때 반에 교회 다니지 않는 친한 친구가 있었다. 어느 날, 내 딸은 이 친구의 생일 파티 모임을 주일 낮 12시에 가질 것이라는 소식을 전해 들었고 초대를 받았다. 하지만, 주일 낮 12시는 아직 교회 학교 예배가 안 끝났을 시간이라 내 딸은 어떻게 해야 할지 심히 고민이 되었다. 친한 친구의 생일 파티 초대를 받은 것이라 거절하지는 못하겠는데, 예배도 중요하며 결코 빠질 수 없다는 것을 알고 있었기 때문이다. 그렇다고 생일 파티 모임을 포기하기에는 내 딸에게는 오랜만에 갖는 학교 밖 친구들 모임이라 너무나도 슬픈 일이 되는 것이었다.

전전긍긍하는 딸의 모습을 지켜보던 나는 딸에게 우선 예배를 드린 후, 생일 파티에는 점심을 같이 못 먹더라도 한두 시간 늦게 참석하면 어떨지 제안을 했다. 하지만, 내 딸은 그렇게 하려면 생일 맞은 친구의 동의뿐만 아니라 자신을 기다릴 다른 친구들의 동의도 모두 얻어야 한다고 했다. 그래서 그것은 쉽지 않을 것 같다고 말하며, 예배를 드리던지 생일 파티에 참석하든지 둘 중에 하나만 할 수 있을 것 같다고 말했다. 즉, 선택의 기로에 놓인 것이었다.

이 책을 읽고 있는 독자들은 이런 상황에서 어떠한 결정을 내릴 것인가? 아마 자녀에게 생일 파티 참석을 포기하라고 하지 않으셨을까 싶다. 나도 그랬다. 당연히 예배가 우선이 아니겠는가?

하지만, 아무리 교회를 잘 다니던 아이도 자신이 좋아하는 일을 못 하게 된다니까 갑자기 삶의 기준이 흔들리기 시작했다. 이럴 때가 바로 자녀에게 신앙생활의 코치가 필요할 때이다. 부모는 믿음의 선배로서 자녀에게 하나님을 따르는 길을 선택할 수 있도록 가이드 해주어야 한다. 비록 그것이 자녀에게 슬픔과 괴로움(?)을 가져다줄 수 있는 선택이라도 말이다.

생일 파티를 포기하는 것이 좋겠다는 내 조언에 내 딸은 눈물을 한참 흘렸다. 하지만, 무엇이 삶에 우선순위인지 명확히 배우고 1주일에 한 번 있는 주일 예배는 타협이 불가한 것이라는 것을 배우는 귀중한 시간이 되었다.(나중에 알아보니 친구 개인 사정으로 생일 파티가 아예 취소되었다는 것으로 끝이 났다)

삶을 살아가다 보면, 이렇게 별거 아닌 것 같지만 믿는 자녀로서 세상과는 다르게 선택해야 할 때가 온다. 그러한 선택의 기로 속에 자녀가 흔들릴 때, 누가 자녀의 신앙생활의 기준이 되어줄 수 있을까? 바로 우리들, 부모들이다. 부모들은 자녀가 성인이 되기 전에 올바른 신앙생활의 기준들을 세울 수 있도록 근실히 교육해야 한다.

결국 영성 교육의 기본은 말씀과 예배, 기도와 같은 크리스천의 기본기를 잘 갖추도록 돕는 교육이라 할 수 있다. 여기에 하나님의 뜻을 현실 속에서 치열하게 살아낼 수 있도록 부모로서 믿음의 본을 보이며 자녀를 코치해 주는 것이 필요하다. 그런데 자녀가 정기적으로 말씀을 읽고, 가정과 교회 예배에 빠지지 않고, 날마다 기도 시간을 철저히 갖는 등 모든 신앙의 외적인 모습들을 잘 갖추더라도 부모로서 방심하지 말아야 할 것이 있다. 그것은 신앙생활의 기본과 루틴을 잘 지키는 것과 그 속에서 자녀가 정말 예수님과의 인격적인 만남을 하고 있는지는 완전히 다른 이야기라는 점이다.

성경에서 외적인 신앙생활을 누가 가장 잘했던가? 바로 바리새인들이었다. 그들은 외형적으로는 훌륭한 신앙인으로서 모든 사람의 존경과 칭찬을 받았던 사람들이었다. 하지만, 정작 예수님이 이 땅에 오셨을 때 그들은 예수님을 보고는 있었으나 예수님의 진짜 정체를 알아보지는 못했다.

필자가 아는 어떤 분이 기독대안학교의 디렉터로 섬길 때, 꼭 같은 것은 아니지만 세미 바리새인과 같은 생활을 하는 학생들을 종종 보았다고 했다. 이 학생들은 기독대안학교에 다니면서 예배와 기도, 말씀 숙제 등 외적인 신앙생활은 잘해 보였지만, 삶에는 별로 변화가 없었다. 드러내놓고 '나 문제아에요' 하는 아이들은 분명히 아니었는데, 철저한 신앙생활 속에서도 예수님을 인격적으로 만나지 못해 속사람은 변하지 않은 채 살아가고 있었다. 그 아이들은 목사님, 전도사님, 선생님의 지켜보는 시선이 있기에 남들에게 보일 때는 바른 신앙인처럼 보이려고 애썼던 것이다.

하지만, 어느 날은 학교에서 아침에 예배를 드리고 말씀을 분명히 보았음에도, 하교한 뒤 어떤 아이는 밖에서 물건을 훔치다 걸린 학생도 있었고, 동생이 보는 앞에서 담배를 핀 아이도 있었다고 한다. 그분은 선생으로서 그들이 예수님을 인격적으로 만나길 계속 기도하며 지도했지만, 그들이 예수님을 진짜 만나는 것은 그 선생님이나 다른 선생님의 힘으로 되는 것이 아니었다. 전적인 주님의 은혜가 있어야만 가능한 일이었다.

그럼 신앙생활을 너무 철저히 하면 안되는 것일까? 아니다. 신앙 생활을 철저히 하는 것은 너무도 훌륭하고 좋은 일이다. 하지만, 여기에 부모가 해주어야 하는 또 다른 역할이 있다. 그것은 바로 자녀들이 이 모든 신앙생활의 모습들을 통해 예수님을 인격적으로 만날 수 있도록 기도하며 중보하는 역할이다. 우리 자녀들이 가정과 교회, 학교에서 예배하고, 성경 말씀을 읽고 기도 생활을 잘하는 것, 그것을 삶의 루틴으로 해내는 건 너무 중요한 일이지만, 그 모든 것들은 결국 우리 하나님과의 사귐을 갖기 위해, 그분의 아름다움을 보기 위한 것이 아니겠는가? 그리스도를 닮아가고 세상의 빛과 소금으로서 살아가기 위한 것이 아니겠는가? 그것이 곧 우리가 하는 영성 교육의 최종 목표이다.

그러니 우리는 자녀에게 신앙생활을 강조하되 너무 외적인 면에만 치중하지 않도록 하고, 반드시 주님의 은혜를 구하는 기도가 필요하다. 자녀들이 성경을 읽을 때, 예배에 참석하며 기도할 때 주님이 우리 자녀들에게 자신을 계시해 주시도록, 만나주시도록 간절히 기도하는 부모가 되도록 하자.

5

〈하브루타〉 탐구하는
자녀로 키우는 최고의 교육 방법

"모르는 것이 생겼을 때 정답을 스스로 탐구하는 학생"
"생활 속에서 당면하는 문제를 인식하고 문제 해결 능력을 갖춘 학생"

우리 자녀가 이런 칭찬을 받을 수 있다면 부모로서 정말 뿌듯한 일
이 아닐까 싶다. 급변하는 이 사회 속에서 하나님의 자녀들이 주님의
말씀처럼 "정복하고 다스리는" 삶을 살아가기 위해선 역대상 12장 32
절에 나온 잇사갈 자손들처럼 "시세를 알고 마땅히 행할 바를 아는" 사
람들이 되어야 한다. 시세를 안다는 말은 이 세상이 어떻게 돌아가는
지 그 형편을 이해한다는 뜻이며, 마땅히 행할 바를 안다는 말은 다양
한 문제가 얽혀있는 복잡한 세상 속에서 하나님의 자녀로서 어떻게 살
아야 하는지 대안을 가지고 있다는 말이다. 다른 말로 세상의 문제 앞
에서 그 문제를 해결해 나갈 수 있는 능력인 **문제 해결 능력**을 갖추었
다고 볼 수 있다.

이 문제 해결 능력을 갖추기 위해서는 먼저 세상의 문제를 명확히 이해할 수 있는 문제 인식 능력과 그 문제를 뛰어넘을 수 있는 지혜와 통찰력이 필요하며, 문제 상황 및 관련된 사람들과 소통하며 문제를 해결해 나갈 수 있는 의사소통 능력이 필요하다.

흥미로운 점은 공립학교 2022년 개정 교육과정에도 이러한 문제 해결 능력과 의사소통 능력을 길러주기 위한 내용이 담겨 있다는 점이다. 해당 교육과정에는 이 두 능력이 핵심 역량으로서 문제 해결 역량과 의사소통 역량이라고 표현되어 있는데, 그 의미는 다음과 같다.

● 문제 해결 역량: 다양한 상황에서 문제를 합리적으로 해결하는 데 필요한 지식, 기능, 가치, 태도를 습득하고 적용하는 능력. 이를 통해 학생들은 창의적, 논리적, 비판적 사고를 바탕으로 문제를 해결하는 데 필요한 여러 가지 전략을 적용할 수 있게 된다.

● 의사소통 역량: 다양한 맥락에서 자신의 생각과 감정을 정확하게 표현하고 타인의 생각과 감정을 공감적으로 이해하는 능력. 이를 통해 학생들은 언어적, 비언어적 소통을 통해 상호 협력하고, 문제를 해결하는 과정에서 소통할 수 있는 역량을 기른다.

우리에게 관건은 위와 같이 공교육에서도 중요하게 여기고 있는 문제 해결 능력과 의사소통 능력을 자녀에게 어떻게 키워줄 것인가이다. 학교 교육과정을 충실히 들으면 키워질 수 있을까? 물론 도움이 될 것이다. 그런데 위와 같은 역량들을 키워주기 위해 가정에서 실시해 볼 수 있는 더 효과적인 교육 방법이 있다. 그것은 바로 유대인의 "하브루타"식 교육 방법이다.

하브루타란 무엇인가?

하브루타(Havruta)란 그 원어적 의미에 "짝, 친구, 파트너"란 의미가 있는데, 두 사람이 짝을 지어 함께 대화하고 토론하는 것을 말한다.

구체적인 설명을 위해 예를 들어보겠다. 여기 두 사람이 한 테이블에 앉아 있다고 가정해 보자. 이중 한 사람이 먼저 요즘 떡볶이나 김밥 등 다양한 한국 음식들이 전 세계에 K푸드로 인기를 끌고 있는 현상에 대해 "왜 이런 현상이 발생하고 있을까?"라는 질문을 던져본다. 그러자 다른 사람이 그런 현상이 왜 발생하고 있는 것인지 깊이 생각해 보고 자기 생각을 말해본다.

이때, 그 생각이 맞을 수도 있고 틀릴 수도 있지만 정답의 여부를 떠나 해당 현상에 답하기 위해 여러 정보를 검색해보고, 책도 인용하며 자기 생각을 근거를 가지고 논리적으로 말해본다. 함께 대화하는 파트너는 상대의 그런 생각과 주장을 경청하고 이에 대한 반박이나 추가적인 생각들을 말한다. 이렇게 서로 생각을 주고 받는 동안 두 사람은 해당 사회 현상에 대해 더 깊이 이해하게 되고, 관련된 많은 정보를 습득하게 되며, 논리적으로 자기 생각을 전달하는 의사소통 능력을 키울 수 있다. 이것이 바로 하브루타식 학습 방법이다.

원래 하브루타는 전 세계 인구의 0.2%인 약 1천5백만 명 정도이지

만 노벨상의 30%와 전 세계 금융, 미디어, 예술, 학계를 주름잡고 있
는 유대인들의 독특한 학습법으로도 국내에 알려져 있다. 그렇게 유명
한 유대인들이 날마다 집과 학교에서 실천하는 학습법이라 국내에 많
이 보급될 만도 한데, 아직 이 학습법을 실천하는 곳이 국내에 많지 않
아 아쉬운 마음이다. 그래서 필자는 이 학습법에 대한 간략한 내용을
이 장에 실어보았다. 하브루타에 관한 내용은 깊이 있게 다루려면 책
몇 권을 써야 하는 분량이라, 여기서는 하브루타에 관한 주요 개념들
과 필자의 실천 사례를 간략히 공유함으로 독자들의 하브루타에 대한
이해를 돕고자 한다.

하브루타가 유익한 이유

나는 감히 하브루타 학습법을 자녀를 스스로 탐구하는 탐구가로 키
울 수 있는 최고의 학습법으로 추천하는데 그 이유는 다음과 같다.

●첫째, 하브루타는 지식을 수동적으로 학습하지 않고 능동적으로
자신의 것으로 만드는데 탁월한 학습법이다. 강의식 수업이 많은 학교
수업은 지식 전달의 주입식 학습이 되는 경우가 많다. 전달해야 할 내
용이 많고 새로운 개념을 설명할 때는 강의식 수업이 효과적일 때가
있지만, 생각의 깊이를 키우고 논리적 사고력을 키우기에는 토론식 수
업만큼 효과적인 수업이 없다. 하지만 모든 학교 수업을 토론식으로
할 수 없으므로 별도의 토론식 학습을 해주는 것이 필요한데, 하브루
타가 그 필요를 채워줄 수 있는 것이다.

"내가 말로 설명할 수 있지 않으면 아는 것이 아니다"라는 말이 있듯이, 하브루타는 학습 내용을 자신이 반드시 설명해야 하므로 읽은 내용을 내 것으로 소화하며 해당 지식을 자신이 분명히 알고 있는지를 파악할 수 있게 된다. 소위 "메타 인지(자신이 어떤 지식을 알고 있다는 것을 아는 인지력)"를 키울 수 있는 것이다.

한 저명한 교육학자의 연구에 의하면, 학습의 효율성을 높이는 최고의 방법의 하나는 학습한 내용을 직접 가르쳐보는 것이라고 했다. 그가 한 연구에 의하면, 학습한 뒤 배운 내용을 기억하는 정보의 양의 차이에 있어서, 보통 강의식 수업의 효율성은 100중에 10이라고 한다면, 하브루타는 직접 설명해야 하므로 90까지 학습 효율성을 높일 수 있다고 한다. 하브루타를 통해 학습의 효율성을 극대화할 수 있는 것이다.

● **둘째,** 하브루타 시 던질 질문을 만들기 위해서는 대화의 내용을 종합적으로 이해하고 있어야 하기에 학습 내용에 대한 이해력이 더욱 향상된다. 더 나아가 대화 중 궁금한 것은 추가로 질문하기 때문에 해당 내용을 더 깊이 있게 파고들며 배우는 내용을 확장해 나갈 수 있다.

● **셋째,** 하브루타 시 학습 내용을 함께 소리 내어 읽는 것은 시각뿐만 아니라 청각과 촉각, 얼굴 근육 등을 사용하면서 뇌를 더욱 자극해 기억력을 향상시키는 효과가 있다.

● **넷째,** 하브루타를 자녀와 함께 하며 자녀가 성경적 세계관을 형성할 수 있도록 도울 수 있다. 하브루타 시 사용할 수 있는 주제는 무궁

무진하다. 성경에서부터 뉴스 미디어의 다양한 소식들이 모두 하브루타의 소재가 될 수 있다. 하브루타는 누구와 하브루타 하느냐에 따라서 배울 수 있는 내용의 깊이가 달라지는데, 상대방이 예술에 해박한 지식이 있다면 예술에 관한 내용을 깊이 있게 토론할 수 있다. 부모가 자녀와 함께 하브루타 한다면 부모가 가진 신앙적인 관점 안에서 다양한 사회 현상을 설명해 줄 수 있으므로 자녀의 국가관, 문화관, 정치관, 심지어 연예관(?)까지 영향을 미칠 수 있다.

신명기 6장은 "쉐마"장으로도 유명한 성경적 부모교육의 지침서이다.

> "당신들은 마음을 다하고 뜻을 다하고 힘을 다하여, 주 당신들의 하나님을 사랑하십시오. 내가 오늘 당신들에게 명하는 이 말씀을 마음에 새기고, 자녀에게 부지런히 가르치며, 집에 앉아 있을 때나 길을 갈 때나, 누워 있을 때나 일어나 있을 때나, 언제든지 가르치십시오"(신명기 6:5-7 표준새번역)

이 말씀에서 "가르치다"라는 단어는 히브리어로 "다바르"인데, 이 단어가 유대인들에게 하브루타 하라는 의미라고 한다. 그래서 유대인들의 가정에서는 식사할 때나 소파에 앉아 TV를 볼 때에도 수시로 자녀와 대화하는 부모들을 볼 수 있다. 유대인 부모들이 수시로 자녀와 하브루타 하며 유대적 세계관을 전수해 주는 것이다. 우리도 이 쉐마의 말씀을 실천하며 자녀들과 대화하고 토론할 때(하브루타 할 때), 자녀가 하나님을 마음과 뜻과 힘을 다해 사랑하며 주님의 말씀을 따라 살 수 있도록 성경적 세계관을 전수해 줄 수 있을 것이다.

●**다섯째,** 하브루타를 하게 되면 상대방의 의견을 경청하는 태도를 훈련하게 된다. 경청하는 태도를 지니는 것은 풍성한 인간관계를 맺기 위한 기본적인 태도이며, 사업가들과 리더들이 회사와 조직의 성공적인 운영을 위해 꼭 지녀야 할 덕목으로 꼽힌다.

●**여섯째,** 자신의 의견을 논리적으로 말하는 훈련을 하게 되며 의사소통 능력을 키울 수 있다. 상대방이 자신의 의견을 받아들일 수 있게 이유와 근거를 들어 논리적으로 말해야 하므로 상대방을 설득하는 화법을 배울 수 있다. 이것을 사업가들에게 적용하면 협상의 기술을 배울 수 있다고도 볼 수 있다. 아니나 다를까, 뉴욕과 같이 유대인들이 많이 모여 사는 도시에는 뛰어난 화술을 지닌 유대인 변호사들이 많이 살고 있다.

●**일곱째,** 질문에 대한 답변과 반론을 하는 과정에서 남과는 다른 나만의 생각, 새로운 생각을 하게 되므로 창의력이 발달한다. 세계 최고의 권위를 인정받는 물리학자 알베르트 아인슈타인(Albert Einstein), 정신분석학자 지그문트 프로이트(Sigmund Freud), 정치학자 헨리 키신저(Henry Kissinger), 영화감독 스티븐 스필버그(Steven Spielberg), 메타(구 페이스북)를 설립한 마크 저커버그(Mark Zuckerberg), 오라클 설립자 래리 엘리슨(Larry Ellison), 구글 창업자 래리 페이지(Larry Page) 등 세상에 새로운 것들을 창조해 낸 사람 중 유대인들이 많은 것은 결코 우연이 아니다. 그들은 어려서부터 하브루타 학습법으로 창의력을 발달시킨 것이다.

필자는 유대인 교육의 특징을 알고자 유대인들이 다니는 유대인 사립학교에 대한 다큐멘터리를 본 적이 있다. 해당 학교의 한 교사는 15 명 정도 되는 유대인 어린이들을 담당한 초등 담임교사였는데, 자신은 수업 시간에 어떤 주제에 관해 질문하고 아이들에게 답변을 들어보는 수업을 많이 한다고 했다. 소위 다수를 상대로 하는 하브루타식 수업이었는데, 그가 했던 인상적인 말이 있었다.

"저는 아이들에게 질문할 때 항상 여러 가지 답변을 할 수 있도록 열린 질문을 던집니다. 그리고 아이들에게 옆 사람의 답변과는 다른 답변을 하라고 일부러 강조합니다. 똑같은 생각을 카피하는 것이 아니라 자신만의 생각을 할 수 있도록 말입니다. 그래서 저희 반 15명의 학생들은 매번 15가지의 다른 답변을 한답니다."

이런 하브루타 수업이 날마다 우리 집과 학교에서 이루어진다면 어떻게 될까? 우리 자녀들과 한국 학생들의 논리력과 창의력, 의사소통 능력이 상상도 못 할 만큼 크게 성장할 수 있지 않을까? 지금도 늦지 않았다. 이제라도 우리 가정에서부터 하브루타를 시작해 보자.

하브루타 가정 실천법

유대인들이 가정에서 하브루타 하는 것을 보면 쉐마의 말씀대로 자연스러운 일상 속에서 언제 어디서든지 하브루타 하는 것을 볼 수 있다. 그중에서도 대표적인 실천법은 책상을 가운데 두고 아빠와 아들, 아니면 형제끼리 마주 앉아 하브루타를 시작하는 것이다. 두 사람 앞에는 각각 같은 책이 놓여 있는데 주로 토라(모세 5경)나 탈무드가 하브루타에 사용된다(물론 신문 기사나 다른 책들도 허용된다). 그리고 다음과 같은 단계를 거친다.

1. 읽을 내용을 함께 소리를 내어 읽는다.
2. 상대방에게 읽은 내용과 관련하여 설명한다.
3. 서로에게 질문을 던진다.
4. 질문에 대한 답변과 함께 또 다른 파생 질문을 던지며 대화와 토론을 이 어간다.

이번에는 위 단계를 창세기의 하나님이 인간을 창조하시는 내용으로 가정에서 하브루타 할 경우를 가정해 적용해보자.

먼저 부모와 자녀가 함께 소리를 내어 해당 본문을 낭독한 뒤 어떤 내용이었는지 상대방에게 설명한다. 그 후 읽은 내용과 관련해 질문을 던지는데 "하나님은 인간을 창조하실 때 왜 남자의 갈비뼈를 빼내어 여자를 만드신 걸까?"라는 질문을 부모나 자녀가 던질 수 있겠다. 이 때, 왜 남자의 갈비뼈를 하나님께서 사용하셨는지 성경에서 정확한 정답을 찾기가 어렵지 않은가? 이런 질문은 한 가지 답변만 나올 수 없는 열린 질문이다. 하브루타 시에는 이렇게 답변을 정해놓은 질문을 삼가고, 여러 가지 답변과 해석이 나올 수 있는 열린 질문을 주로 던진다. 질문하는 사람이나 답변하는 사람 모두 "답정너"(답은 정해져 있고 너는 대답만 하면 돼)가 되면 안 된다. 오히려 10명에게 같은 질문을 했더라도 10가지 다른 답변이 나올 수 있게 대화하는 것이 하브루타의 핵심이다.

다시 갈비뼈 질문으로 돌아가, 질문을 받은 사람은 여러 방면으로 생각해 보고 자신만의 답변을 해본다. "그건 여자는 남자의 몸에서 나왔으니 서로 함께 살아가야 한다는 것을 하나님께서 강조하시려고 한 것은 아닐까? 남자가 여자 없이 혼자 살아간다면 신체 일부를 잃어버리고 살아가는 것과 마찬가지가 되니까 말이야."

이렇게 답변한 것이 논리적으로 말이 된다면 넘어가도 되지만, 무언가 보충이 필요하거나 오류가 있는 부분이 있다면 답변을 들은 상대방은 반박의 논리를 펴도 된다. "함께 살아가는 것을 강조하셨다면, 갈비뼈만이 아니라 더 많은 뼈를 사용하셨어도 되셨을 것 같은데?"

이런 식으로 대화를 주고받다가 어느 정도 답변이 된 것 같으면 다음 질문을 또 누군가 던져본다. 이렇게 질문하고 답변을 생각해 보고, 또 다른 질문을 던져보고 답해보고 하면서 깊이 있게 대화 주제를 생각해보는 것이 바로 하브루타이다.

하브루타가 일반 공립학교에서 하는 일반적인 토론 학습과 다른 차별점은, 토론 학습은 두 편으로 나누어 한 편의 주장이 더 설득력이 있을 때 토론의 승자가 되고 승자와 패자가 명확히 갈리는 반면에, 하브루타는 승부를 떠나 학습 내용에 대한 여러 가지 생각이 나누어지고 내용에 대한 이해도와 사고력이 더 깊어지는 것에 의의를 둔다는 점이다. 그리고 일반 공립학교에서는 성경과 신앙 서적의 내용을 주제로 토론할 수 없지만, 가정에서는 얼마든지 성경과 기독교 자료를 가지고 하브루타 하며 하나님을 알아가고 성경적 세계관을 확립해 나갈 수 있다는 점에서 일반 공립학교 토론 학습과 그 차별점이 있겠다.

하브루타 학습 간증

필자가 하브루타 학습법을 높게 평가하는 이유 중 한 가지는, 필자역시 이 학습법의 효과를 톡톡히 본 적이 있기 때문이다. 바야흐로 전세계를 강타한 코로나19 바이러스로 인해 외부에 나가는 것을 최소화하고 주로 집 안에서 지내고 있을 때였다. 내 딸도 온라인으로 학습하던 시기라 집에 머무는 시간이 많았는데, 나는 이렇게 가족이 함께하는 시간이 많아진 것을 어떻게 유익하고 즐겁게 보낼 수 있을지 고민하고 있었다. 그때 하나님께서 지혜를 주신 것이 바로 자녀와 대화하며 논쟁하는 하브루타를 직접 해보는 것이었다.

당시에 내 딸은 한국 나이로 초등 2학년에 해당하는 나이였고, 한창조잘조잘하고 싶은 말을 거침없이(?) 하던 시기를 지나고 있었다. 그때는 다른 가정들과 마찬가지로 딸이 학교에 갈 수 없었기에 친구를 사귀며 사회성을 계발할 기회를 많이 얻지 못했던 안타까운 시즌이었다. 그래서 나는 가정에서나마 딸과 대화를 많이 하며 사회성과 의사소통능력을 키워주고자 노력했다. 하지만, 아이가 어렸기에 아이가 이해할수 있는 언어와 내용에 한계가 있어 깊이 있는 대화를 주고받기가 어려웠다. 오늘 하루 무엇이 재미있었고, 무엇을 먹었으며, 오늘 읽은 책은 무엇이었는지와 같이 단답형의 답이 정해져 있는 대화는 쉬웠지만, 어떤 주제와 현상에 대해 아이의 생각을 있는 그대로 들을 수 있는 대화는 나누기 어려웠다.

신앙과 관련한 대화를 통해 믿음을 키워주고자 해도, 대화라는 것은 보통 해당 대화가 시작되기까지 자연스러운 맥락이라는 것이 존재하지 않는가? 그런데 아이와 사전 맥락도 없이 뜬금없이 "하나님은 왜 남자의 갈비뼈로 여자를 만드셨을까?"와 같은 신앙적 질문을 던지며 대화하는 것이 너무 어려웠다.

"아빠는 왜 갑자기 그런 질문을 해? 아 어려워."

이런 반응이 대부분이었다.

그런데 하브루타를 하려고 함께 책상이나 소파에 앉아 같은 책을 펴고 읽기 시작하면서 상황은 반전됐다! 하브루타는 우리 부녀를 평소의 일상적인 대화가 아닌 신앙교육을 위한 추상적이고 철학적인 대화가 가능하게끔 우리를 이끌어 주는 도구가 되었다. 이를테면 이런 대화이다.

(함께 창세기 1-3장을 읽은 뒤)

나: 하나님이 아담과 하와가 살게 하신 곳은 어디였지? (내용 질문)

딸: 에덴 동산.

나: 에덴 동산은 어떤 곳이었을까? (추리 질문)

딸: 아마도 맛있는 과일들이 많고 동물들도 엄청 많은 곳이었을 것 같아. 하나님이 동산에 있는 모든 나무의 열매를 먹을 수 있게 하셨잖아. 하나님이 만드셨으니까 엄청 종류가 다양했을것 같아.

나: 어 정말 그럴 것 같다. 그런데 하나님은 사실 딱 한 종류의 과일은 못 먹게 하셨어. 그게 뭐였지? (내용 질문)

딸: (어리둥절한 표정을 지으며) 어… 사과였나?

나: 사과랑 비슷하게 생겼을 것 같기도 해. 그건 바로 선악과였어. 정확히 말하
면 선과 악을 알게 하는 열매였지.

딸: 아 맞아. 아빠 근데 하나님은 왜 선악과를 만드신 거야? (Why 질문) 애초에
그런 걸 안 만드셨으면 얼마나 좋았을까? 아담과 하와가 죄를 짓지도 않고
말이지.

나: (그런 질문을 한 것이 놀라워서) 어 그러게. 진짜 하나님은 왜 선악과를 만드신 거
지? (Why 질문) 애초에 죄도 안 짓게 인간을 만드셨으면 좋았을 것 같은데
말이지.

딸: 아 진짜 왜 선악과를 만드셨을까….

(이후 2~3분 동안 서로 고민하는 시간을 가졌다)

나: 아 알겠다!

딸: 뭐야. 뭣 때문에 만드신 거라고 생각했어요?

나: 바로 사람을 로봇이 아니라 하나님 말을 듣고 안 듣고를 선택할 수 있는
자유의지를 지닌 존재로 창조하고 싶으셔서 그랬던 것이 아닐까?

딸: 자유의지는 또 뭐야? (확장 질문)

(선악과와 자유의지를 주제로 한 대화는 이런 식으로 20여 분 흘러갔다)

위의 대화는 실제로 우리 아이와 하브루타 했던 대화 내용의 일부이
다. 처음 이런 대화를 했을 땐 "초등학교 2학년과 이런 대화를 할 수 있
다니..!" 정말 놀라웠다. 녹화나 녹음을 못한 것이 무척 아쉬울 정도였
지만, 내 딸과 나는 위의 대화를 진지하게 나누었고, 우리 아이는 자유
의지의 개념까지 배울 수 있었다! 하브루타의 시간이 아니었다면 딸과

함께 하나님 이야기와 그분이 세상을 창조하신 이야기, 선악과와 자유의지의 개념을 이렇게 깊이 나눌 수 있었을까? 나는 딸과 평소에는 도저히 할 수 없는 이런 특별한 대화를 할 수 있었던 건, 전적으로 하브루타를 했기 때문이라고 자신있게 말할 수 있다.

하브루타의 질문 유형 5가지

하브루타를 하게 되면 다양한 유형의 질문들을 할 수가 있는데, 위 딸과의 대화 예시 속에 괄호()로 따로 표기한 것들이 바로 그 질문 유형들이다. 하브루타를 할 때 위의 4가지 질문 유형과 더불어 "적용 질문"까지 총 5가지 유형의 질문을 할 수 있다. 하브루타 시 한 가지 유형의 질문만이 아닌 다양한 유형의 질문들을 사용하면, 보다 깊고 풍성한 대화를 할 수 있으니 참고하기를 바란다.

- 내용 질문: 읽은 내용에 관해 묻는 질문이며 보통 답변이 정해져 있다.
- 추리 질문: 읽은 내용에는 답이 나와 있지 않지만, 추리력과 상상력을 동원하면 "이럴 수 있겠구나"라는 답변을 할 수 있게 되는 질문 유형이다.
- Why 질문: 어떤 대상이나 현상의 나타남이 왜 그렇게 되었는지 논리적인 이유를 생각해 보도록 유도하는 질문이다. 상당히 고차원적인 질문이며, 질문 대상과 관련한 목적과 의미를 부여해 주는 질문이 된다.

- 확장 질문: 질문에 대한 답변에 추가로 더 궁금한 것이 있을 때 던지는 질문 유형이다.
- 적용 질문: 읽은 내용을 주어진 현실에 적용해 보도록 유도하는 질문이다. 위 딸과의 대화 끝부분에 적용 질문을 첨가해 본다면, "하나님이 세상을 창조하신 것과 같이 하나님의 자녀인 우리들 안에도 창조의 능력이 있어. 우리는 어떤 것들을 현실 속에서 창조하며 살아갈 수 있을까?"라는 적용 질문을 던져볼 수 있다.

하브루타 실행 시 주의할 점

하브루타 하는 두 사람은 서로 동등하고 평등한 위치에 있어야 한다. 한쪽이 지나치게 가르치는 태도를 보이거나 권위적인 입장이 되면 자유로운 토론이 어렵기 때문이다. 동시에 하브루타를 통해 논리적인 승패를 정하는 것이 목적이 아니라 다양한 생각을 나누는 것이 목적이 되어야 한다는 점을 명심하도록 하자.

만약 하브루타 할 파트너가 없다면 다음과 같이 혼자서 하브루타식의 학습을 실천해 보는 것도 가능하다.
- 공부할 내용을 읽고 핸드폰을 바라보고 녹화하며 설명해 보는 시간을 갖기(설명 효과)
- 녹화나 녹음한 것을 다시 들어보기(복습 효과)
- 수정하거나 추가할 설명이 있으면 다시 재녹화 후 들어보기(반복학습 효과)

●녹음한 것을 걸어가며 들으면 뇌가 더 자극되고 기억력 향상에 도움이 됨.

수많은 교육학자들이 하브루타식의 말하며 토론하는 방식의 학습 효과를 인정한다. 하브루타는 자녀에게 부모의 신앙을 전수할 수 있고, 자녀의 세상을 보는 눈을 넓혀주는 두 마리 토끼를 동시에 잡게 해주는 아주 좋은 교육 방법이니 가정에서 꼭 실천해 보시길 추천해 드린다.

6
자녀에게 주어진 특별한 재능과 은사
〈다중지능 이야기〉

"우리 아이는 왜 수학을 못할까요?"

"우리 아이는 영어 단어를 알려줘도 맨날 잊어먹어요"

"우리 아이는 왜 이렇게 느리게 배울까요?"

옛말에 내 아이를 가르치는 것만큼 어려운 일이 없다고 하였는데, 집에서 자녀를 가르쳐본 경험이 있는 부모라면 한 번쯤은 위와 같은 생각을 해봤을 것이다. 왜 우리 아이는 특정 과목을 못 할까 고민하며, '나는 어렸을 때 수학을 저렇게 못 하지는 않았는데…. 우리 남편(아내)을 닮은 걸까?'라고 배우자 탓을 했을지도 모르겠다.(웃음) 권면하고 싶은 것은 혹시 우리 아이가 특정 과목을 못 한다고 해서 아이의 능력을 탓하지는 않길 바란다. 보통 자녀들은 모든 과목 공부를 잘하고 싶어 하지만 노력해도 잘 못하는 과목이 있길 마련이고, 일부러 못하고 싶어 하는 아이들은 없기 때문이다. 자녀가 어리면 아무리 공부에 관심이 없더라도 부모님이 달달 볶기 때문에라도(?) 잘해야겠다는 부담감을 느끼고, 잘하고 싶어 한다. 하지만, 결과를 보면 좋지 않다. 자녀의 능력이 안 되는 걸 어떡하겠는가? 자녀들도 표현하지 않아서 그렇지 굉장히 답답해한다. '나도 열심히 했는데 점수가 안 나오는 걸 어떡하라고…' 왜 내 자녀는 열심히 공부한 것 같은데 원하는 만큼 성적이 안 나올까? 공부에 대한 얘기는 할 얘기가 많지만, 넓게 봤을 때 큰 이유 중의 하나는 하나님이 자녀에게 주신 재능이 다르기 때문이다.

자녀마다 다르게 주어진 재능과 달란트

"또 어떤 사람이 타국에 갈제 그 종들을 불러 자기 소유를 맡김과 같으니 각각 그 재능대로 하나에게는 금 다섯 달란트를, 하나에게는 두 달란트를, 하나에게는 한 달란트를 주고 떠났더니"(마태복음 25:14-15 개역개정)

위 구절을 통해 알 수 있는 것은, 하나님께서는 개인별 재능의 차이를 아시며, 그 재능에 따라 달란트를 다르게 주셨다는 점이다. 재능이 크면 큰 달란트, 적으면 적은 달란트를 주신 것이다.

그리고 또 하나 주목해서 볼 것은, 맡기신 달란트가 재능을 뜻하는 것이 아니며 재능과 맡기신 달란트(재산)가 각각 다르다는 것이다. 맡겨진 달란트를 잘 사용할 수 있는 능력이 재능이며, 여기서 달란트는 내게 맡기신 실제 재산(경제력)과 환경(가정환경, 사회적 환경, 학력, 직업 등)을 모두 뜻한다고 볼 수 있다.

혹시 하나님이 내게 주신 달란트가 너무 적다고 불평한 적이 있는가? 이유가 있다. 하나님께서 재능과 은사에 따라 달란트를 달리 주셨기 때문이다. 혹시 내가 가진 밑천이 너무 적었어서 인생의 성취가 너무 적다고 여겼는가? 내가 이룬 것이 별로 없다고 걱정하지 말라. 그리고 다른 사람의 인생의 성취와 자신을 비교하지 말라. 대신 희망을 가지라. 그 희망의 근거는, 성경을 보면 비록 다섯 달란트 맡은 자와 두 달란트 맡은 자의 삶의 성취도는 달랐지만, 두 종을 향한 주님의 칭찬과 보상은 똑같았기 때문이다.

> "다섯 달란트 받았던 자는 다섯 달란트를 더 가지고 와서 이르되 주인이여 내게 다섯 달란트를 주셨는데 보소서 내가 또 다섯 달란트를 남겼나이다. 잘하였도다. 착하고 충성된 종아 네가 적은 일에 충성하였으매, 내가 많은 것을 네게 맡기리니 네 주인의 즐거움에 참여할지어다. 두 달란트 받았던 자도 와서 이르되 주인이여 내게 두 달란트를 주셨는데 보소서 내가 또 두 달란트를 남겼나이다. 그 주인이 이르되 잘하였도다 착하고 충성된 종아 네가 적은 일에 충성하였으매 내가 많은 것을 네게 맡기리니 네 주인의 즐거움에 참여할지어다"(마태복음 25:20-23 개역개정)

이렇게 두 종의 인생의 성취도(남긴 달란트)는 비록 달랐지만, 주님은 처음부터 사람마다 능력을 다르게 주셨고 달란트를 다르게 맡기셨기에 더 적게 맡기신 자에게 많은 것을 요구하지 않으셨다. 두 달란트 맡은 자가 두 달란트 남긴 것을 다섯 달란트 남긴 자와 비교하지도 않으셨다. 오히려 "착하고 충성된 종"이라고 칭찬만 하셨다. 이렇게 하나님은 우리가 남긴 달란트의 크기를 비교하시는 분이 아니라, 우리의 삶의 태도를 보시고 중심을 보시는 하나님이시다. 얼마나 감사한 하나님이신가. 그러므로 우리는 내 재능이나 달란트가 적다고 불평할 필요가 전혀 없으며, 주신 것으로 충성되게 달란트를 늘려가는 인생을 살면 되는 것이다.

하나님이 보시는 것이 이렇게 삶의 태도와 중심이니, 우리는 우리 자녀에게도 "왜 너는 그것밖에 못 하니", "왜 이렇게 이해를 못 해", "머리가 안 좋은 거야?"라고 자녀의 학업 능력을 비판하는 말을 해서는 안 된다. 이렇게 자녀 재능의 한계에 초점을 맞춘 꾸지람은 자녀를 세우는 것이 아니라 자녀의 자신감만 꺾어 놓을 뿐이다. 어떤 분야를 잘하고 못하는 자녀의 재능은 하나님으로부터 주어진 것이기에 자녀 자신도 어찌할 도리가 없기 때문이다.(단, 재능도 계발이 가능하며 계발하기 위해선 시간이 필요하다. 이에 대해서는 뒷부분에서 다룰 것이다)

오히려 앞으로는 주님과 같이 자녀의 학업 성취도 보다 자녀가 학업에 임했던 태도와 과정이 어땠는지를 더 알아주면 어떨까? 자녀가 열심히 공부를 했는데 시험 점수가 잘 안 나왔을 경우, 자녀에게 다음과 같이 말해보는 것이다. "너 노력은 다해본 거니?", "할 수 있는 대로 해본 거지?", "최선을 다했다면 점점 좋아질 거야" 이렇게 과정과 태도에 초점을 맞춘 조언을 통해 충성되게 자신의 할 일을 할 수 있도록 자녀를 이끌어 주는 것이 중요하다.

다중지능의 이해

하나님이 주신 재능이 사람마다 다르다는 진리는 학계의 연구를 통해서도 인정되고 있다. 하버드 대학교 발달심리학 교수 하워드 가드너 (Howard Gardner) 박사는 1983년 그의 책 [Frames of mind]에서 인간의 지능은 서로 다른 성격의 8가지 다중지능으로 되어 있다는 이론을 발표한다. 가드너 박사는 모든 사람이 가지고 있는 다양한 지적 능력들을 모두 지능이라고 불렀고, 각자가 가지고 있는 다양한 재능이 바로 지능이라고 하였다.

그전까지 지배적이었던 지능에 관한 일반적인 개념은 모든 지능을 하나의 지수로 표현한 IQ(Intelligence Quotient)가 대표적이었다. 하지만, 가드너는 지능은 하나가 아니라 여러 개이며, 각 지능은 자유롭고 독립적인 체계로 우리 뇌에 존재한다고 하였다. 이 지능들을 가리켜 다중지능이라고 하며, 다중지능에는 언어 지능, 논리 수학 지능, 공간 지능, 신체 운동 지능, 대인 관계 지능, 자기 이해 지능, 음악 지능, 자연 탐구 지능이 있다. 각 지능에 대한 구체적인 설명은 다음과 같다.(이하 다중 지능에 관한 설명은 「생활 속 다중지능 이야기」(이담북스/김임순 저 2014)에 나온 내용을 참고하였다)

●언어 지능: 언어를 효과적으로 사용하는 능력으로, 말을 하거나 글을 쓰는 능력을 말한다. 책 읽기를 좋아하는 사람, 수업 시간에 발표를 잘하는 사람, 재미있는 얘기를 잘하는 사람, 편지 쓰기를 좋아하는 사람들이 언어 지능이 높은 사람이다. 유재석, 전현무가 대표적인 언어 지능이 높은 연예인이다.

+직업군: 시인, 수필가, 소설가, 정치가, 언론인, 비평가, 교수, 성직자, 작가, 기자, 연설가, 변호사, 방송 프로듀서, 개그맨, 아나운서, 외교관, 성우, 번역가, 영업사원, 리포터 등

●논리 수학 지능: 숫자를 능숙하게 사용하거나, 추론하는 능력, 논리적이며 수학적인 능력을 말한다. 수학 시간을 재미있어하는 사람, 계산이나 암산을 잘하는 사람, 퍼즐 맞추기를 좋아하는 사람, 설계를 잘하는 사람 등이 논리 수학 지능이 높은 사람이다.

+직업군: 엔지니어, 수학자, 물리학자, 과학자, 은행원, 컴퓨터 프로그래머, 구매 대리인, 생활 설계사, 공인 회계사, 회계 감사원, 회사원, 탐정, 의사, 수학 교사, 과학 교사, 법조인 등

●공간 지능: 도형, 그림, 지도, 입체설계 등의 공간적 상징체계를 이해하고 지각하는 능력을 말한다. 만화나 그림 그리기, 색종이 접기, 만들기 등을 좋아하고 잘하는 사람, 어디 갈 때 길을 잘 찾아가는 사람 등이 공간 지능이 높은 사람이다.

+직업군: 조각가, 항해사, 디자이너, 엔지니어, 화가, 건축가, 설계사, 사진작가, 파일럿, 코디네이터, 탐험가, 애니메이터, 공예가, 미술 교사, 치과의사, 서예가, 일러스트레이터, 요리사, 화장품 관련 직업 등

●신체 운동 지능: 자신의 신체적 동작을 완벽하게 통제하고 물체를 솜씨 있게 다루는 능력을 말한다. 줄넘기, 달리기, 축구 등 체육활동이나 춤추기, 마임, 즉흥극 등의 신체표현 활동을 좋아하고 잘하는 사람이 신체 운동 지능이 높은 사람이다.

+직업군: 안무가, 무용가, 엔지니어, 운동선수, 스포츠 해설가, 체육학자, 외과 의사, 물리치료사, 무용 교사, 체육 교사, 군인, 스포츠 에이전트, 발레리나, 치어리더, 경찰, 경호원, 뮤지컬 배우 등

●음악 지능: 음악의 리듬, 멜로디, 음색에 민감하고, 이를 표현하고 창조해 내는 능력을 말한다. 음악 시간이 좋고 즐거운 사람, 리코더, 피아노, 오카리나 등의 악기 연주를 잘하는 사람, 노래 부르는 것을 좋아하는 사람 등이 음악 지능이 높은 사람이다.

+직업군: 음악가, 음악치료사, 음향 기술자, 음악 평론가, 피아노 조율사, DJ, 가수, 댄서, 음악교사, 음반 제작자, 영화 음악 작곡가, 반주자, 음악 공연 연출가 등

●대인 관계 지능: 다른 사람의 기분이나 동기, 바람을 잘 이해하고 그에 적절하게 반응할 수 있는 능력을 말한다. 혼자 있는 것보다 사람들과 어울리는 걸 좋아하는 사람, 무엇을 할 때 다른 사람과 같이하는 걸 좋아하는 사람, 모둠활동을 좋아하는 사람 등이 대인 관계 지능이 높은 사람이다. 교사, 정치가, 치료사 등이 해당된다.

+직업군: 사회학자, 교장, 정치가, 종교 지도자, 사회운동가, 웨딩 플래너, 사회단체 위원, 기업 경영자, 호텔경영자, 정신과 의사, 배우, 외교관, 정치가, 간호사, 교사, 회사원, 개그맨, 비서, 가정방문 학습지 교사, 승문원, 상담원, 컨설턴트 등

●자기 이해 지능: 자신의 감정과 능력을 인식하고, 자기 자신을 잘 이해하는 능력이다. 자신의 장점과 단점을 잘 알고 있는 사람, 자신의 능력에 맞게 행동하는 사람, 힘든 것, 하기 싫은 것을 잘 참고 이겨내는 사람 등이 자기 이해 지능이 높은 사람이다.

+직업군: 신학자, 심리학자, 작가, 발명가, 철학자, 정신분석학자, 성직자, 작곡가, 기업가, 예술인, 심리치료사 등

●자연 탐구 지능: 식물과 동물, 자신이 살고 있는 환경에 관심을 가지고, 이를 분류하고 분석할 수 있는 능력을 말한다. 동물이나 식물에 관심이 많은 사람, 애완동물을 좋아하는 사람, 곤충채집을 좋아하는 사람 등이 자연 탐구 지능이 높은 사람이다.

+직업군: 생물학자, 식물학자, 조류학자, 천문학자, 한의사, 약사, 의사, 환경운동가, 농장 운영자, 조리사, 동물 조련사, 요리평론가, 원예가, 사육사, 지구과학 교사 등

다중지능 이론의 특징은 어떤 사람이 8가지 지능 중 5가지 또는 6가지 지능만 있는 것이 아니라 모든 사람이 8가지 지능을 모두 가지고 있다는 점이다. 마치 동그란 피자 판에 한 조각이라도 피자가 없으면 완성된 하나의 피자가 될 수 없듯이, 다중지능 또한 그렇다. 사람에 따라 그 조각의 크기가 다를 뿐 자신이 싫어하고 하지 않는다고 해서 해당 지능이 없는 것이 아니다. 자신이 잘하고 좋아하는 것은 지능의 조각이 더 크게 나타나고, 싫어하고 잘하지 못하는 지능은 작게 나타나는 것일 뿐이다. 누구나 조금씩은 모든 지능을 가지고 있는 것이다.

이때 자신의 지능 중 넓은 부분을 차지하고 있는 지능을 강점 지능, 좁은 부분을 차지하고 있는 지능을 약점 지능이라고 한다. 어떤 아이는 친구가 많고, 친구들과 함께하는 것을 좋아해 대인 관계 지능이 다른 지능에 비해 넓게 차지하고 있을 것이다. 또 어떤 아이는 수학을 잘해 논리 수학 지능이 강점 지능이 될 것이다.

계발될 수 있는 지능

마치 뇌를 자꾸 사용하면 뇌의 뉴런과 시냅스의 활동이 더 활발해지고 더 촘촘히 연결되듯 지능 또한 달라지고 계발될 수 있다. 운동을 좋아하는 사람은 쉬는 시간에도, 점심시간에도 틈만 나면 운동을 하는데 이는 신체 운동 지능의 계발로 이어진다.

어떤 아이들은 틈만 나면 보드게임을 하는데 이는 대인 관계 지능과 논리 수학 지능의 계발로 이어진다. 자신의 노력 여하에 따라 보통의 지능도 강점 지능으로 만들 수 있으며, 같은 맥락에서 약점 지능도 얼마든지 높일 수 있다. 그리고 약점 지능도 같이 보완해 나가야 강점 지능을 더 높일 수 있다. 왜냐하면 지능들은 복잡한 방식으로 상호작용하기 때문이다.

축구의 경우를 예로 들면, 뛰고, 차고, 패스하고, 공격하고, 수비하고(신체 운동 지능), 동시에 공의 위치, 자신의 위치, 상대편의 위치, 같은 편의 위치(공간 지능, 논리 수학 지능)를 파악하고 계산한다. 축구 활동만 하는데에도 논리 수학 지능, 공간 지능, 신체 운동 지능이 함께 복합적으로 작용하는 것이다. 그렇기 때문에 강점 지능을 높이는 것에만 치중하기보다는 약점 지능들도 같이 보완해 나가야 강점 지능도 더 높일 수 있는 것이다. 이런 의미에서 자신이 평소에 하지 않았던 활동이나 하기 싫었던 활동을 해보는 것은 다중지능을 계발하는 데 도움을 줄 것이다.

하나님은 사람이 이 땅에 태어날 때부터 하나님의 개별적이고 특별한 목적을 이루기 위해 각 사람에게 독특한 재능을 주셨다. 그리고 재능뿐만 아니라 다양한 달란트도 주셨다. 서로 다른 재능과 달란트를 주셨기에 우리는 서로가 가진 것을 비교하고 불평하며, 자신의 한계 속에 갇히는 우를 범하지 말고, 착하고 충성된 종과 같이 자신에게 주어진 달란트를 늘려가는 삶을 살도록 하자.

다중 지능의 개념은 우리 자녀의 생활과 학업에도 적용되며 자녀 미래의 직업 선택에도 영향을 미친다. 부모로서 우리는 자녀에게 주어진 다중 지능이 무엇인지 잘 살펴보고, 자녀가 그것을 발견할 수 있도록 도와주며, 자녀의 재능과 달란트가 삶 속에서 꽃 피울 수 있도록 해야 할 것이다.

끝으로, 10여 분이면 개인의 다중지능을 무료로 검사해볼 수 있는 웹사이트를 소개하니, 자녀와 활용해 보시길 바란다. 보너스로 자녀의 진로 검사를 무료로 실시할 수 있는 곳의 주소도 첨부하니, 자녀의 적성에 맞는 미래의 직업들을 확인해 보시길 바란다.

가드너 다중지능검사

무료 다중지능검사

진로심리검사

무료 진로심리검사
(진로정보망 커리어넷)

7
긍정적인 자아상 키워주기
〈자기효능감, 거울 자아 이론〉

"선생님, 제 코는 왜 이렇게 생겼을까요?"
"선생님, 저는 왜 자꾸 이 문제를 틀릴까요?"

교실에서 아이들을 가르치다 보면 본의 아니게 아이들의 여러 한숨
소리를 듣는다. 시험을 볼 때, 발표를 해야 할 때, 얼굴에 여드름이 생
겼을 때 등 아이들의 한숨 소리가 나오는 상황도 각양각색이다. 외모
와 같이 날 때부터 그런 것은 차치하더라도, 시험이 코 앞 이거나 발표
평가라도 앞두고 있으면 아직 어린 학생들은 마치 막다른 골목을 만난
듯(?) 어려움을 호소하기도 한다. 그런데 사실 위와 같은 어려움은 학
생으로서 마땅히 이겨내야 할 것들이다. 하지만, 어떤 부모들은 조그마
한 어려움도 자녀에게 겪게 하고 싶지 않아 자녀가 할 일들을 대신해
주려는 분들이 계신다. 필자는 '우리 00 어떡하죠?' 하며 자녀가 행여
나 좌절을 겪을까 봐 자녀의 발표 숙제까지 다 해주려는 부모를 본 적

있다. 그 정도의 어려움은 해당 나이 때 마땅히 통과해야 할 수행 과제이며 만약에 넘어지더라도 스스로 다시 재도전해 보는 *회복탄력성을 배워야 함에도, 그 부모는 자녀가 넘어지는 것을 아예 못 보는 것이었다. 하지만 우리가 알다시피 부모가 자녀를 위해 무언가 대신해 줄 수 있는 시기는 한정되어 있다. 결국엔 원치 않더라도 자녀들이 어려운 상황과 직접 맞닥뜨려보고, 그것을 극복할 수 있는 지혜를 스스로 터득해야 한다. 그렇게 자녀가 스스로 독립된 인격체로 설 수 있도록 돕는 것이 부모의 역할 중에 하나이다.

아이들이 성장하기 위해서는 자신의 기존 역량을 넘어서게 하는 삶에 도전적인 상황을 반드시 맞닥뜨려야 한다. 감사하게도 학교 생활 가운데 아이들은 그러한 다양한 도전적 상황들을 접하게 된다. 그리고 아이들은 자기에게 닥쳐진 장애물들을 하나하나 넘어가며 더 큰 사람으로 변해간다.

그렇게 학교 생활 가운데 도전을 만났을 때 아이들의 반응은 크게 두 부류로 나뉘는 것 같다. 두 부류의 아이들 모두 처음에는 한숨을 쉬지만, 한 부류의 아이들은 "그래 한번 해보자, 뭐. 죽진 않겠지"라며 용기를 내본다. 그리고 도전을 통한 성공 경험을 통해 삶에 자신감을 얻는다. 하지만, 다른 부류의 아이들은 끝까지 자기 능력에 대한 불신과 함께 걱정만 하다가 도전에 제대로 응해보지도 못한다. 그리고 마치 실패를 예정했던 사람처럼 실패하거나 포기해 버리곤 한다. 무엇이 이

---

* 실패나 부정적인 상황을 극복하고 원래의 안정된 심리적 상태를 되찾는 성질이나 능력

아이들의 역경을 대하는 태도의 차이를 만들어 낸 것일까?

자기효능감이란?

교육학 용어로 "나는 어떤 일을 해낼 수 있는 능력 있는 사람"이라는 느낌을 자기효능감(Self-Esteem)이라고 한다. 자기효능감이 높은 아이들은 새로운 역할이 요구될 때, 삶의 문제를 마주할 때 "한번 해보자"라는 태도를 지닌 아이들이다. 이 아이들은 삶을 살아갈 때 마주하는 다양한 도전에 건강하게 반응하며 자기효능감을 더욱 키워나가는 선순환적인 삶을 살아간다.

반대로, "나는 이걸 못할 거야"라고 포기하는 아이들은 자기효능감이 낮은 아이들이다. 자기효능감이 낮은 아이들은 새롭게 도전하는 일을 꺼리며 도전하더라도 내가 해낼 수 있다는 기대감도 낮다. 낮은 성공 기대감으로 일을 하니 일이 성공할 확률도 그만큼 낮아지고 실제로 실패도 많이 한다. 그렇게 악순환적인 삶을 살게 된다.

아이들의 성장에 자기효능감을 키우는 것이 중요한 이유는 높은 자기효능감이 자신의 대한 긍정적 자아상을 갖게 하기 때문이다. 어려서부터 긍정적 자아상을 가져야 자신이 하는 일에 자신감을 갖게 되고 어려운 상황에서도 포기하지 않고 도전할 수 있는 사람이 된다. 자신에 대한 긍정적인 인식을 가지고 있으므로 다른 사람들과의 관계에서도 자신감 있게 행동할 수 있다. 자신에 대해 부정적인 생각을 하지 않기 때문에, 스트레스를 덜 받게 되고 자기 삶에 대한 만족도 또한 높다. 이렇게 우리 아이들의 자기효능감을 높여주는 것은 중요한 일인데, 그럼 어떻게 우리 자녀들의 자기효능감을 높여줄 수 있을까?

자녀의 자기효능감을 높이는 방법

자기효능감은 기본적으로 삶의 작은 성공 경험으로부터 쌓이기 시작한다. 어렸을 때는 배변 훈련에서부터, 아장아장 첫걸음마를 시작하면서부터 자기효능감을 경험하기 시작한다. 아기들은 말로 표현을 못할 뿐이지 감정이 없는 것이 아니다. 엄마, 아빠가 "잘했다 우리 아들, 잘했다 우리 딸" 하며 박수 쳐 줄 때, 어린 아기들도 자기가 해낸 일을 뿌듯해하며 자기효능감을 키워나간다. 학교에 들어가는 학령기 아이들은 학교라는 사회 속에서 주어진 일들을 수행해나가며 자기효능감을 키워나간다.

초등학교 1학년 학생들은 별거 아닌 것 같지만 준비물을 잘 챙겨가고, 모둠활동에서 성공적으로 활동을 마쳤을 때도 자기효능감을 키울수 있다. 학년이 올라가면서 점차 어려운 시험이나 수행평가에서 좋은 점수를 얻었을 때도 자기효능감을 높일 수 있다.

자기효능감을 높이는데 꼭 공부와 연관시킬 필요는 없다. 모두가 공부를 잘하면 좋겠지만 하나님은 각자에게 다른 재능을 주시지 않았는가? 어떤 아이들은 운동하며, 어떤 아이들은 음악 활동을 하며, 또 다른 아이들은 그림을 그리며 자기효능감을 높일 수 있다. 만약, 우리 아이가 잘 못하는 것이지만 의무적으로 해야 하는 것이 있다면, 다른 아이들과의 상대적 성취도를 비교하지 말고 아이 스스로의 발전 과정을 평가하는 방식으로 자기효능감을 높여줄 수 있다. 예컨대, 수학을 못하는 자녀에게는 꾸중이 필요한 것이 아니라 아주 기본적인 문제를 풀어냈어도 잘했다고 칭찬해 주는 것이 자녀의 자기효능감을 높일 수 있는 방법이다.

긍정적인 자아상 키워주기 〈거울 자아 이론〉

며칠 전 우리 반(5학년) 국어 수업시간에 있었던 일이다. 나는 아이들에게 이런 질문을 던졌다.

"자신을 스스로 '귀한 사람이다'라고 여기는 사람은 손들어 보세요?"

24명의 아이들 중 몇 명이 손을 들었을까? 정확히 16명이 손을 들었다. 생각보다 손을 들지 않은 아이가 많아 이유가 궁금해 물어봤는데 대답이 가히 충격적이었다. "저는 못난 사람인 것 같아요", "저는 뭘 해도 한참 부족하다고 느껴요"라는 대답을 들려줬다. 겉으로 보기에는 생기발랄하고 해맑은 미소를 간직하고 있던 아이들이었지만, 그들의 내면은 바닥을 치는 자존감으로 인해 스스로를 "못난 사람"으로 여기고 있었다. 이 아이들은 어쩌다 그런 부정적인 자아상을 갖게 되었을까? 나는 이유가 궁금해 아이들에게 다시 물어보았다.

"너희는 왜 너희 자신을 귀한 사람이다라고 여기지 않는 거야?"

아이들은 이렇게 대답했다.

"집에서 수학 문제 못 푼다고 저보고 바보 같데요."

"쉬운 영어 단어도 모른다고 나중에 커서 뭐 할 수 있겠냐고 집에서 뭐라고 하세요."

"저보고 그렇게 공부해서 어디 쓸 데 있겠냐고 아빠가 그랬어요."

자신에 대해 부정적인 자아상을 가진 아이들 대부분은 학업과 관련해서 집에서 부모님에게 심한 꾸지람과 "공부 못하는 바보"라는 핀잔을 듣고 있었다. 이 아이들은 "다음번에는 더 잘할 수 있을 거야"라는 격려를 부모에게 듣지 못하고 있었고, 공부 못하는 것을(실제로 못하는 것이 아님에도) 자신의 정체성과 결합해 스스로를 비하하는 데까지 나아갔던 것이다.

위와 같은 현상에 대해 부모들이 알아두어야 할 내용이 있다. 자아정체성을 형성하는 어린이, 청소년 시기에는 주위에서 자신에 대해 말하는 평가를 들으며 자아정체성을 성하게 되는데, 심리사회학에서는 이런 현상을 「거울 자아 이론」으로 설명한다.

거울 자아 이론

「거울 자아 이론」은 미국의 저명한 사회학자인 찰스 쿨리(Charles Cooley)가 주창한 이론으로, 개인의 자아 개념은 상대방에게 비친 자신의 모습에 대한 타인의 평가에 의해 영향을 받게 된다는 심리·사회학 이론이다. 예를 들어, 버스를 탄 학생이 노인에게 자리를 양보했을 때 자리를 양보한 노인으로부터 "학생 참 착하네"라는 칭찬을 받게 되면 그 학생은 자신은 "나는 착한 학생이구나"라는 자아 개념을 형성하기 시작하고, 이런 경험이 점차 쌓이다 보면 그러한 평가가 자신의 자아 개념과 결합돼 긍정적인 자아개념을 갖게 된다는 이론이다. 이 이론을 우리의 가정에 적용해 보면, 부모인 내가 자녀에게 어떠한 평가가 담긴 말을 해주냐에 따라 자녀는 긍정적인 자아상을 갖기도 하고 부정적인 자아상을 갖게 되기도 한다는 말이 된다. 내가 자녀에게 주는 피드백이 얼마나 중요한지 새삼 깨닫게 해주는 학설이다.

다음은 「거울 자아 이론」과 관련하여 어느 책에서 남태평양 키니와 타 섬의 결혼 풍습에 대해 읽은 이야기다. 그 섬의 결혼 풍습 중 하나는 남자가 신부를 데려갈 때 처가에 암소를 주는 것인데, 암소의 수는 여자의 외모에 따라 달라진다고 한다. 아름다운 여자는 4마리, 보통이면 3마리, 그리고 그저 그런 여자는 1마리만 받는 것이다. 이러한 풍습 때문에 결혼한 여자들은 남편이 자신의 가족에게 몇 마리의 암소를 주었는지에 따라 자부심을 느끼기도 하고, 반대로 위축되기도 한다.

그러던 중, 어느 날 자니 링고라는 남자가 처가에 무려 8마리의 암소를 주고 신부를 데려오는 일이 생겼다. 이웃 사람들은 암소 한 마리로도 충분할 여자를 위해 그렇게 많은 암소를 준 것에 대해 비웃었다.

얼마 후, 이 소문을 들은 한 선교사가 자니 링고의 집을 방문하게 되었다. 그리고 그 선교사는 큰 충격을 받았다. 소문과는 달리 자니 링고의 아내가 너무나 아름답고 당당했기 때문이다. 놀란 선교사는 자니 링고에게 물어보았다.

"소문과는 달리 아내 분이 정말 아름다우시고 품격이 있으시네요."

자니 링고는 미소를 지으며 대답했다.

"제 아내가 지금처럼 아름답고 품위 있는 사람이 된 데에는 이유가 있습니다. 다른 결혼한 여인들을 보니, 암소 1마리를 받고 시집온 여자들은 고개를 숙이고 자신감을 잃고 살더군요. 그래서 저는 제 아내만큼은 당당하게 살도록 해주고 싶었습니다. 그래서 사람들의 만류에도 불구하고 암소 8마리를 주고 데려왔습니다."

평균 이하의 외모로 평가받던 한 여인이 남편이 지불한 암소 8마리로 자신감 있고 아름다운 사람으로 변모한 것이다.

위의 사례는 「거울 자아 이론」과 자아정체성이 어떻게 서로 연관되어 있는지 잘 보여주는 사례이다. 특히나 아이들은 자기에 대한 다른 사람의 생각을 들으면서 알게 모르게 자신에 대해 이해하게 되며, 스스로에 대한 생각을 바꾸어 나간다. 마치 위 이야기 속 자니 링고의 아내처럼, 다른 사람들이 자신을 대하는 태도나 해주는 말 등을 통해 자신의 자아정체성을 형성해 나가는 것이다. 그리고 그렇게 형성된 자아정체성이 부정적으로 형성되면 부정적인 성품을 가지고 자라게 되고, 긍정적인 자아정체성을 형성한 사람은 긍정적인 성품으로 당당하게 살아가게 된다. 같은 의미에서 자녀가 하나님의 자녀라는 분명한 정체성을 갖기 위해선, 가정에서 자녀에 "너는 하나님의 사랑받는 자녀란다"라는 말을 계속해서 들려주며 그렇게 귀하게 대해주는 것이 중요하겠다.

나는 학생들의 학급 생활 만족도를 조사하는 설문을 최소한 두 달에 한 번씩 실시하는데, 그 이유는 내가 모를 수도 있는 학생들의 어려움을 이해하고 소통하면서 적절히 생활지도를 하기 위해서이다. 해당 설문에는 자존감 평가 항목이 들어있는데, 자신이 괜찮은 사람이다라고 느끼면 10점, 아니면 1점을 주는 평가 항목이다. 이 설문을 실시해 보면 신기하게도 평소에 잘 지내고 별문제가 없을 것 같은 아이들 중 몇 명은 자신에 대한 평가를 아주 낮게 하는 학생들이 있다. 그러면 나는 나중에 그 학생을 만나 꼭 따로 상담 시간을 가진다. 그러면 대부분 가정에서 듣는 자신에 대한 부정적인 평가, 특히 학업과 관련한 평가로 인해 많이 위축되어 있다는 것을 알 수 있었다. 그리고 그러한 아이들의 부모를 상담해 보면 아니다 다를까 말투가 거침이 없거나 자녀 학업에 지나친 염려를 안고 있는 것을 확인할 수 있었다. 그런 부모들에게는 자녀가 못 하는 것이 있으면 성장하는 중이니 기다려 주시고 격려해 주시되, 자녀가 잘하는 것을 찾아내 의도적으로 자주 칭찬해 주시라는 조언을 꼭 드린다.

자녀에 대한 부모의 말과 태도가 얼마나 중요한지는 백 번 강조해도 부족한 것 같다. 문득, 전 부천대학교 유아교육과 교수이셨던 고 전성수 교수님이 하셨던 말씀이 생각난다.

"부모는 자녀에게 가장 큰 유전적인 요소이자, 가장 영향력 있는 환경적 요소이다."

자녀 교육에 있어서 정말 중요한 말씀이 아닌가 싶다. 부모들은 이토록 자녀에게 영향력이 큰 존재들이다. 부모들이여, 자녀들의 자기효능감을 높여주고 긍정적인 자아상 형성을 돕기 위해 자녀의 삶에 작지만 다양한 성공 경험을 제공해 주자. 그리고 틈나는 대로 긍정적인 말, 하나님이 도와주시면 할 수 있다는 능력의 말들을 선포해 주자.

8
자녀 훈육 시 체벌, 어떻게 해야 할까?

　채널A에 간판 육아·예능 프로그램인 「금쪽같은 내새끼」. 이 프로그램은 자녀를 양육하며 힘들어하는 대한민국에 수많은 엄마 아빠들의 시원한 사이다 같은 솔루션을 제공하며 자녀 양육의 해결사 역할을 톡톡히 하고 있다. 이 프로그램을 보는 많은 시청자들은 방송에 출연한 금쪽이 가정의 문제가 마치 자기 가정의 문제 같은 공감을 크게 받는다고 한다. 프로그램 속에 그동안 알지 못했던 금쪽이의 속마음도 알게 되고, 금쪽이 부모와 자녀의 관계가 회복되는 과정이 너무 드라마틱해 큰 감동까지 얻는다고 말한다. 오죽하면 자녀를 키우지 않는 솔로들도 「금쪽같은 내새끼」를 보며 자신의 어릴 적 상처를 치유 받았다는 방송 후기를 남기는 시청자가 있을 정도라니 그 인기가 정말 높다는 것을 알 수 있다.

　「금쪽같은 내새끼」에서 해결사 역할을 하고 계신 분은 오은영 박사님인데, 필자도 어린 자녀를 양육할 때 오은영 박사님의 코칭과 자녀 양육에 대한 조언이 큰 도움이 된 적이 있다. 그리고 프로그램 속 오은영 박사님의 솔루션을 보면서 정말 훌륭한 조언과 양육 코칭이라고 여겼다. 오은영 박사님은 공개적으로 자신이 기독교인이라고 밝힌 적이 있는 분이며, 필자는 오은영 박사님의 양육 코칭 많은 부분에 공감하고 교육적이라고 생각한다.

그러나 한 가지, 오은영 박사님의 자녀 양육 코칭에 있어서 동의하지 않는 부분이 있는데 바로 체벌과 관련한 부분이다. 자녀 양육에 있어서 체벌은 성경적으로 금지되지 않은 훈육 방식인데, 박사님은 체벌은 무조건 하지 않는 것을 훈육 방침으로 세우신 것이다. 그 이유가 무엇인지 궁금하지만, 체벌은 자녀 양육에 있어서 하나의 방법으로 분명하게 성경에 명시되어 있는 훈육법이다.

> "매를 아끼는 자는 그의 자식을 미워함이라 자식을 사랑하는 자는 근실히 징계하느니라"(잠언 13:24 개역개정)
> "아이를 훈계하지 아니하려고 하지 말라 채찍으로 그를 때릴지라도 그가 죽지 아니하리라 네가 그를 채찍으로 때리면 그의 영혼을 스올에서 구원하리라"(잠언 23:13–14 개역개정)

자녀 교육을 위한 목적으로 지어진 잠언은 분명히 자녀에게 필요할 때는 매를 들라고 말한다. 훈육을 목적으로 드는 매에 분명한 유익이 있기 때문이다. 따라서, 오은영 박사님의 방식대로 무조건적으로 체벌을 금하는 방식은 성경적이지 않다.

하지만, 그렇다고 체벌을 자주 사용하라는 말도 아니다. 성경은 무분별한 체벌 사용을 말한 것이 아니라 체벌에 분명한 목적이 있어야 한다고 말한다. 바로 뒷부분의 구절, "그의 영혼을 스올(지옥)에서 구원"하기 위한 것이라는 구원의 목적이 분명히 있어야 한다는 것이다. 체벌을 포함한 훈육의 목적에 대해서 성경은 아래와 같이 말하기도 한다.

> "육신의 아버지는 잠시 동안 자기들의 생각대로 우리를 징계(훈육, discipline)하였지만, 하나님께서는 우리를 자기의 거룩하심에 참여하게 하시려고 우리에게 유익이 되도록 징계(훈육, discipline) 하십니다"(히브리서 12:10 새번역)

이 말씀에서도 하나님 아버지의 훈육은 우리의 거룩함을 위해 우리의 유익이 되도록 징계하신다고 말하고 있다. 이 말을 잘 생각해 보면 부모들도 올바른 훈육을 하려면 자녀들을 거룩하게 하며 자녀에게 유익을 끼치려는 목적을 갖고 훈육해야 한다는 말이 된다.

위 말씀에서 한 가지 더 주목하고 싶은 것은, 히브리서 기자는 육신의 아버지들이 때로는 자기들의 생각대로 잘못 훈육하기도 한다는 것을 인정하고 있다는 점이다. 성경은 훈육함에 있어서 인간의 연약함을 간과하지 않는다. 가정이나 학교에서 체벌이 문제가 되었던 이유가 무엇인가? 훈육자들의 무분별한 감정의 폭발, 분노의 표출이 자녀와 학생들의 신체적인 고통뿐만 아니라 정신적인 충격과 함께 안타까운 경우 사망에도 이르게 했기 때문이다. 이 부분과 관련해서 체벌을 허용한 잠언에서는 다른 한편으로 분명하게 이렇게 말한다.

"네가 네 아들에게 희망이 있은즉 그를 징계하되 죽일 마음은 두지 말지니라"(잠언 19:18 개역개정)

혹시 자녀의 잘못된 행동에 대해 무분별한 분노의 소용돌이 속에 너무 미워서 자녀를 죽일 마음까지 둔 적은 없었는가? 자녀를 향한 체벌이 자녀의 삶이 더 나아지기 위해서, 나쁜 길로 가지 않게 하려고, 자녀를 구원하기 위해서, 거룩해지기 위해서라는 분명한 목적이 있는 체벌이었는가? 체벌을 올바로 사용하려는 부모들은 반드시 이 부분을 놓쳐서는 안 될 것이다.

필자는 필자의 자녀에게 체벌을 거의 손에 꼽을 정도로 사용한 것 같다. 그만큼 체벌을 사용하는 것을 조심스럽게 했고 신중히 했다는 말이다. 자녀에게 체벌을 하려는 부모들에게 당부드리고 싶은 것은, 체벌은 자녀들의 인생을 위해, 자녀를 진정으로 사랑하는 마음에서 하는 최후의 양육 수단이 되도록 하자는 것이다. 그리고 화가 나서 진정되지 못한 상태로 매를 드는 일은 웬만해선 없도록 하자. 부모들도 연약한 인간이기 때문에 교육을 위한 매가 자칫 폭력이 될 수 있다는 점을 인정하고, 나름의 안전핀을 걸어놓자는 것이다.

그래서 필자가 제안하는 체벌을 올바로 사용하는 방법의 하나는, 체벌을 하기 전에 미리 자녀와의 소통을 통해 체벌에 대한 기준을 세우도록 하는 것이다. 예를 들어, 3회 이상 주의를 주었는데도 같은 문제행동을 보였을 경우(동생을 때린다든지, 물건을 훔치는 등 해서는 안 될 행동을 했을 경우) 손바닥 2회 혹은 엉덩이 2회 맞기 등의 약속을 사전에 정하는 것이다. 약속을 정할 때는 부모가 정한 것을 일방적으로 자녀에게 통보

하는 것이 아니라, 자녀와 어디까지는 괜찮겠다고 토의해 보는 과정을 거치는 것이 더욱 효과가 좋다. 그래야 자녀는 체벌을 받을 때 자신이 함께 정한 기준이기 때문에 체벌받는 것에 대해 수월하게 납득하고, 체벌이 가슴의 상처로 남지 않을 것이다. 자녀가 부모가 하는 체벌이 폭력이라고 느낀다면, 그런 체벌은 자녀에게 씻을 수 없는 상처로 기록될 수 있기 때문이다.

"매는 사람의 속 깊은 곳까지 들어간다"(잠언 20:30 새번역)

실제로 내 주변에 부모에게 어려서 맞았던 기억이 성인이 되어서도 머리에 각인되어 있어 결혼을 하고서도 당시의 기억이 트라우마가 되어 괴로움을 겪고 있다는 분의 이야기를 들어본 적이 있다. 다행히도 그분은, 예수님 안에서 부모님을 용서하고 그러한 아픈 기억들에 대해서 치유받는 과정 중에 계셨다. 이렇게 내 주변에는 부모에게 맞은 기억으로 인해 자기 부모를 용서하지 못하고 분노 속에 살아가고 있는 사람들이 꽤 많이 있다. 우리는 과도한 체벌로 인한 그러한 부작용을 우리 아이의 인생 가운데 만들지 않아야 할 것이다.

사랑의 매의 효과

사랑의 매를 적절하게 사용했을 경우 그에 대한 교육적 효과가 확실한 것이 체벌이다.

"상처가 나도록 때려야 악이 없어진다"(잠언 20:30 새번역)

"매를 아끼는 자는 그의 자식을 미워함이라. 자식을 사랑하는 자는 근실히 징계하느니라"(잠언 13:24 개역개정)

이렇게 성경적으로 체벌은 분명히 허용되어 있고, 어떻게 사용하느냐에 따라 상반되는 효과가 날 수 있다. 대표적으로 유대인들의 자녀 양육과 관련된 격언에는 '한 손에는 매를, 한 손에는 사랑을'이라는 격언이 있다. 필요시 체벌은 하되, 체벌을 실시한 뒤에는 그것이 감정의 상함으로 남겨져 있지 않도록 안아 주는 것 역시 필요하다고 보는 것이다.

이러한 유대인의 훈육 방식을 적용해 크게 알려지신 분 중에는 국민들에게 사랑받는 축구선수 손흥민을 키워낸 손웅정 감독님이 계신다. 손웅정 감독님은 한 언론과의 인터뷰에서 직접적으로 성경을 언급하며 체벌도 때로는 필요하다고 했다. 그러면서 동시에 "혼을 내더라도 반드시 사후 수습을 해야 한다. 감정에 휘둘려 혼을 내거나 인격을 훼손하지 않는 것. 어찌 보면 당연한 것들을 지켜야 한다"라며 체벌을 쓰는 것은 분명히 조심해야 한다고도 언급했다.

그럼 그렇게 훈육 받았던 손흥민 선수는 자신이 받았던 체벌에 대해서 무엇이라 답했을까? 손흥민 선수가 인터뷰한 내용 그대로 적어 본다.

"그때는 참 야속했는데 지금 생각하면 다르다. 그건 똑같은 실수를 반복시키지 않기 위한 사랑의 매였다. 아빠가 없었으면 이 자리에 저는 없었다. 아빠에게 감사하다는 말씀을 드리고 싶다."

손흥민 선수는 당시의 아버지의 훈육이 사랑의 매였다고 고백했다. 우리가 부모로서 어쩔 수 없이 체벌을 사용해야 할 때가 온다면, 손흥민 선수처럼 자녀가 사랑의 매였다는 것을 느낄 수 있는 체벌이 되어야 할 것이다. 가정에서 체벌을 사용할 생각이라면 부모 된 자로서 위와 같은 점들을 반드시 명심해 올바른 체벌 사용이 될 수 있도록 해야겠다.

9
다음 세대가 사이버 세상도 다스리도록

10대들의 사이버 세상 생활

다음 세대의 인터넷 사용 시간 관련 한국언론진흥재단이 발간한 '2022년 10대 청소년 미디어 이용 조사' 보고서를 보면 다소 충격적인 분석 결과가 나와 있다.(초등학교 4학년~고교 3학년에 재학 중인 전국 10대 청소년 2천785명을 상대로 2022년 7월~9월 사이 설문 조사 실시) 한국 초등학생과 중·고등학생의 인터넷 이용 시간이 모바일 기기와 PC를 합해 하루 평균 479.6분(약 8시간)으로 분석된 것이다.

여성가족부가 분석한 청소년 평일 평균 수면시간이 7.2시간(2022 청소년 통계)인 점을 감안했을 때, 청소년들의 인터넷 이용 시간이 수면시간 보다 긴 것으로 나온 것이다. 그나마 다행이었던 점은 위 결과는 2022년에 코로나로 인해 학교 수업이 온라인 수업으로 대체되어 인터넷 사용 시간이 많이 늘어난 결과라는 점이었다.

이런 결과를 보니 코로나 이전에는 학생들이 얼마나 인터넷을 이용했을지가 매우 궁금해졌다. 찾아보니, 2019년 같은 기관에서 비슷한 방식으로 조사했을 때 하루 평균 267.2분을 기록했다. 코로나 이전에도 10대 아이들은 하루 평균 4시간 반을 인터넷 사용에 쓰고 있었다는 것이다. 그렇다면 지금은 어떨까? 통계는 아직 나오지 않았지만, 분명히 그 이상의 시간을 사용하고 있을 것이라 충분히 예상할 수 있다.

긴 인터넷 사용 시간은 우리 삶과 떼려야 뗄 수 없는 시대이니 위 결과를 어느 정도 이해할 수 있다. 나조차 학교에서 일할 때, 수업 준비할 때, 뉴스 볼 때, 쇼핑할 때 인터넷을 활용하기 때문이다. 하지만, 10대들의 하루 평균 4시간 반 인터넷 사용시간의 목적은 성인들과 달랐다. 그들은 삶의 필수 불가결한 일들을 위해 인터넷을 사용하는 것이 아니었다. 이들이 가장 많이 인터넷을 사용하는 이유는 바로 SNS(social networking service) 사용을 위함이었다.

전 세대가 가장 많이 사용하는 카카오톡과 유튜브를 포함하여 인스타그램, 페이스북, 틱톡과 같은 자신만의 온라인 공간을 제공해 주는 SNS 앱들은 요즘 다음 세대 아이들에게는 필수 앱이 되었다. 그 이유는, SNS를 통해 학교 밖에서도 언제든지 친구들과 소통할 수 있고, 피상적 일 수 있지만 SNS 앱을 통해 무한대로 친구 관계를 확장할 수 있기 때문이다. 그리고 그러한 과정을 통해 학교 밖 세상에서 소속감을 느끼기도 하고, 다른 사람들로부터 최신 소식과 정보도 얻는다. 또한, SNS를 사용하면 자기 생각과 경험을 타인에게 언제 어디서든 어필할 수 있다는 장점도 있다. 하지만, 이러한 관계의 욕구를 해결해 주며 여러 정보를 얻을 수 있는 SNS에는 깨어 사용하지 않으면 자신도 모르게 빠져들 수 있는 나쁜 세속 문화가 있다. 그것은 바로 서로를 비교하도록 만드는 비교 문화이다.

SNS에서 상대방이 멋진 레스토랑에서 처음 보는 맛있는 음식을 먹고 있는 사진을 올렸을 때, "아 좋은 정보구나. 나도 다음에 한 번 여기에 가봐야겠다", "이 친구는 가족과 좋은 시간을 보냈구나." 이 정도의 반응은 괜찮은데, "아, 나는 여기 못 가봤는데…. 언제 가보지?", "저런 데를 가보다니, 엄청 부럽네"라는 생각이 든다면 나도 모르게 이미 SNS가 주는 비교 문화 속에 물들어진 상태가 되었다고 볼 수 있다. 인스타그램이 이러한 비교 문화를 조장한다고 해서 소위 "자랑질그램"이라고 불리는 것은 결코 과장이 아니다. 단순히 정보를 얻는 것과 경험을 공유하는 것을 넘어 나의 삶과 상대방의 삶을 비교하는 수준으로 가고 있다면, SNS 사용에 경보음을 울리고 멈추는 것이 필요하다. 문제는 우리 다음 세대 아이들은 아직 어리기에 이러한 비교 문화의 함정에 너무나도 잘 빠진다는 것이다.

상대방의 삶과 나의 삶을 비교하는 것이 왜 안 좋은 것일까? 바로 상대적 박탈감을 안겨주며 삶의 우울감을 줄 수 있기 때문이다. 자기 삶에 충분히 감사할 것이 많고 행복한데도 불구하고, 그런 것들은 못 보게 눈을 가리고 남의 떡만 더 큰 것처럼 보게 되기 때문이다. 이런 비교 의식은 더 심해지면 열등의식으로 변질되고, 스스로 부족해 보이는 곳을 노력해 채워 넣지 않으면 자신은 패배자라는 잘못된 생각을 낳기도 한다.

대표적인 예로, 나는 너무나도 아리따운 여학생이 자기 외모를 연예인과 비교하다가 예뻐지고 싶어 성형했는데, 본래 갖고 있던 아름다움은 온데간데없이 사라지고 인공적이고 어색한 외모가 되어버렸던 경우를 본 적 있다. 실로 안타까운 일이 아닐 수 없었다. 이렇듯 비교 의식은 자신을 열등하게 느껴지게 하며, 삶 속에 감사를 빼앗아 가는 주범인 것이다.

SNS 비교 문화 극복하기

우리의 자녀들이 이러한 SNS 속 비교 문화를 이겨낼 수 있는 방법은 무엇일까?

먼저 비교하는 악순환에서 벗어날 수 있도록 자녀에게 올바른 SNS 사용법을 알려주어야 한다. 자기 일상을 SNS에 올리는 사람들의 심리를 살펴보면 다른 사람에게 자신의 삶을 인정받고 싶어 하는 욕구가 담겨있는데, 이런 이야기를 자녀와 터놓고 해보는 것이다. 그렇게 함으로써 자녀는 SNS에 자기 사진을 올리는 그 마음의 동기를 점검해보는 계기를 가질 수 있다. 동시에, 중요한 부모의 역할로써 가정에서 자녀에게 충분한 사랑과 인정을 베풀어야 한다. 가정에서 부모에게 충분한 사랑과 인정을 받은 아이들은 SNS와 같은 다른 곳에서 헛된 사랑과 인정을 구하지 않게 되기 때문이다. 이렇게 자녀의 인정 욕구, 사회적 욕구를 충분히 채워주는 것이 중요하겠다. 더 나아가 세상은 그렇지 않지만 하나님은 자녀를 무조건적으로 사랑하며 용납해주신다는 것을 알려주자. 그래서 자녀가 세상의 인정을 구하기 전에 하나님의 사랑

안에서 충분한 안정감을 누릴 수 있다는 것을 알려주자. 하나님의 사랑을 아는 자녀라면 SNS를 사용하더라도 바른 동기를 가지고 사용하게 될 것이다.

SNS가 작동하는 원리를 이해하는 것도 자녀의 SNS 사용을 줄이는 데 도움을 줄 수 있다. SNS에서 서로의 일상을 공유하길 가장 원하는 사람들이 누구일까? 바로 해당 SNS를 개발해서 운영하는 사람들이다. SNS의 이용자 수가 많아져야 광고주들에게 더 많은 광고와 광고료를 받을 수 있기 때문이다. 필자가 알고 있는 SNS 개발자에게 전해 들은 얘기에 의하면, SNS 개발자들은 어떻게 하면 이용자들이 자기들이 만든 SNS에 더 많은 시간과 에너지를 쓰게 할지 밤낮으로 고민한다고 한다.

예를 들어, SNS 푸시 알림 기능을 통한 이용자의 재접속 유도, 좋아요나 댓글 기능을 통한 이용자 간 상호작용 촉진, 이용자가 좋아할 만한 콘텐츠를 우선적으로 보여주는 뉴스피드 알고리즘, 좋아요나 팔로워 수 등의 지표를 강조해 더 많은 사람들의 관심을 받게끔 유도하는 기능 등, 이 모든 기능들은 이용자들로 하여금 SNS를 중독처럼(?) 더 많이 사용하도록 만들어진 장치들인 것이다. 이와 같은 내용을 가지고 자녀와 얘기를 나누면, 자녀의 SNS 사용에 대한 분별력을 더 키워줄 수 있을 것이다.

SNS 속 비교 문화를 타파할 또 다른 방법은, 바로 하나님께 나의 삶의 모든 영역을 "감사"로 올려드리는 것이다. 감사는 곧 나의 현실에 대한 하나님의 주권을 인정하는 행위이며, 그분을 찬양하는 것이 된다.

감사로 제사를 드리는 자가 하나님을 영화롭게 하며, 하나님은 우리가 모든 일에 감사하길 원하시며 그것이 그분의 뜻이라고 하셨다.(살전 5:17)

감사를 하다 보면 느끼는 것은 나의 상황과 현실에 대한 긍정적인 관점들이 생겨난다는 것이다. 존스홉킨스 의대 소아정신과의 지나영 교수는 이런 감사의 효과를 감사 요법(Gratitude Therapy)이라 부르기도 한다. 그녀는 생리학적으로 감사의 효과를 설명했는데, 사람이 감사를 하면 뇌의 시상하부를 자극함으로써 세로토닌과 도파민과 같은 호르몬을 활성화해 마음이 편안해지고 스트레스가 완화된다고 말했다. 이를 통해 우울증 예방, 불안 감소, 그리고 전반적인 행복감을 증진시킬 수 있다고 했다.

아무것도 아닌 일상의 한 부분 같았지만, 내게 걸어 다닐 수 있는 건강을 주시고, 삶을 나눌 수 있는 가족과 영적 가족인 교회를 주신 것, 일용할 양식을 주셨을 뿐만 아니라 수많은 맛집 음식도 먹을 수 있게 하신 하나님께 감사를 드려보자. 그리고 무엇보다도 나의 죄를 용서해 주시고 하나님의 아들과 딸로 삼아주신 영생에 대해 감사해 보자. 감사는 신기하게도 기존에 감사했던 것을 또 감사로 고백해도 같은 효과 이상을 지니는 것 같다. 이러한 감사의 제목들이 우리 입술을 통해 찬양과 같이 드려질 때, 우리의 삶은 더 풍성해지고 우리의 영혼에는 기쁨이 넘치게 될 것이다.

SNS 올바른 사용법

이러한 SNS 속 비교 문화를 간파하는 것 외에도 SNS를 올바르게 사용하는 방법을 자녀에게 가르치는 것은 매우 중요하다. 다음 세대 아이들에게는 오프라인 세상만이 세상이 아니라 사이버 세상도 하루에 4시간 반 이상을 머무르고 있는 또 다른 세상이기 때문이다. SNS 사용이 다음 세대 아이들이 살아가는데 피할 수 없는 삶의 부분이 되었다면, 우리 아이들이 사이버 세상에서도 뱀같이 지혜롭고 비둘기같이 순결하게 살 수 있도록 가르쳐야 한다. 이때, 가정에서 자녀를 교육할 만한 SNS 사용 관련 지침을 아래 적어보았으니 참고하기 바란다.

❶ 시간 관리하며 사용하기
- SNS 사용 시간을 정하고, 그 시간을 초과하지 않도록 하기
- 패밀리링크(Family link, 무료)나 각 이동통신사에서 제공하는 자녀 핸드폰 관리 앱을 사용하면 언제 어디서나 원격으로 자녀 핸드폰 사용 시간을 관리할 수 있으니 참고하기
- SNS 외의 활동에도 충분한 시간을 할애하기. 독서, 운동, 친구와의 대면 교류 등 다른 활동들을 적극 권장함

❷ 분별력 키워주기(허위 정보 분별하기)
- SNS에서 접하는 정보를 무조건 믿지 말고, 여러 출처를 통해 확인하기
- 가짜 뉴스나 허위 정보에 현혹되지 않도록 비판적으로 사고할 수 있도록 돕기

❸ 개인 정보 보호 관련
- 실명, 주소, 전화번호, 학교명 등의 개인 정보를 공개하지 않기
- 프로필을 비공개로 설정하여 모르는 사람의 접근을 제한하기

❹ 강력한 비밀번호 사용하기
- 문자, 숫자, 특수문자를 조합한 강력한 비밀번호를 사용하고, 주기적으로 변경하기
- 여러 계정에 동일한 비밀번호 사용하지 않기

❺ 친구 요청 관리
- 실제로 알고 신뢰할 수 있는 사람만 친구로 추가하기
- 모르는 사람의 친구 요청은 수락하지 않고, 불쾌한 메시지를 보내는 사람은 차단하기

❻ 신중한 게시물 작성
- 게시물을 올리기 전에 부모님이나 선생님이 보아도 괜찮을지 생각하기
- 특정인을 비난하거나 험담하는 내용, 부적절한 사진이나 동영상을 올리지 않기

❼ 사이버 괴롭힘 방지
- 타인을 괴롭히거나 비난하는 행동을 하지 않기
- 괴롭힘을 당했을 경우 즉시 부모님이나 선생님에게 알리기
- 사이버 괴롭힘을 목격하면 무시하지 말고 적절한 어른에게 알리기

❽ 사생활 존중하기

• 친구의 허락 없이는 그들의 사진이나 정보를 게시하지 않기

• 다른 사람의 게시물에 댓글을 달 때, 상대방의 기분을 고려해 보기

❾ 디지털 발자국 인식하기

• 인터넷에 올리는 모든 것은 영구적으로 남을 수 있다는 것을 인식하고, 게시물이나 댓글 작성 시 신중하게 작성하기